民办高校教师
发展研究：
以四川地区为例

罗堰·著

西南财经大学出版社

中国·成都

图书在版编目(CIP)数据

民办高校教师发展研究:以四川地区为例/罗堰著.
成都:西南财经大学出版社,2024.9. --ISBN978-7-5504-6405-6
Ⅰ.G648.7
中国国家版本馆 CIP 数据核字第 2024U6K347 号

民办高校教师发展研究:以四川地区为例
MINBAN GAOXIAO JIAOSHI FAZHAN YANJIU:YI SICHUAN DIQU WEI LI
罗堰 著

责任编辑:李思嘉
责任校对:李 琼
封面设计:墨创文化
责任印制:朱曼丽

出版发行	西南财经大学出版社(四川省成都市光华村街55号)
网 址	http://cbs.swufe.edu.cn
电子邮件	bookcj@swufe.edu.cn
邮政编码	610074
电 话	028-87353785
照 排	四川胜翔数码印务设计有限公司
印 刷	郫县犀浦印刷厂
成品尺寸	170 mm×240 mm
印 张	11.75
字 数	184 千字
版 次	2024 年 9 月第 1 版
印 次	2024 年 9 月第 1 次印刷
书 号	ISBN 978-7-5504-6405-6
定 价	78.00 元

前言

随着我国高等教育正式迈进普及化阶段，高等教育发展的主要矛盾面临着从"有没有"向"好不好"转变。党的二十大报告指出，高质量发展是全面建设社会主义现代化国家的首要任务。作为建设高质量高等教育体系的重要组成部分，民办高校却长期存在总体办学实力偏弱等问题。在新时代背景下，探索具有中国特色的民办高校高质量发展之路，已成为民办高等教育研究者和实践者必须探究的一个新课题。

国家"十四五"规划提出"支持和规范民办教育发展"，党的二十大报告指出，要"引导规范民办教育发展"，均体现了党和国家对民办教育的重视。我们一方面既要看到过去取得的成绩，另一方面也应认识到民办高等教育在师资队伍、人才培养、办学水平等方面仍面临的挑战，只有聚力高质量发展，才能跃入新的发展阶段。

2023年5月29日，习近平总书记在中共中央政治局第五次集体学习时强调，强教必先强师。要把加强教师队伍建设作为建设教育强国最重要的基础工作来抓，健全中国特色教师教育体系，大力培养造就一支师德高尚、业务精湛、结构合理、充满活力的高素质专业化教师队伍。弘扬尊师重教社会风尚，提高教师政治地位、社会地位、职业地位，使教师成为最受社会尊重的职业之一，支持和吸引优秀人才热心从教、精心从教、长期从教、终身从教。加强师德师风建设，引导广大教师坚定理想信念、陶冶道德情操、涵养扎实学识、勤修仁爱之心，树立"躬耕教坛、强国有我"的志向和抱负，坚守三尺讲台，潜心教书育人。

第二届全国高校教师教学创新大赛全国赛闭幕式上，教育部高教司时任司长吴岩做"锻造中国金师"主题发言，明确提出教师是人才培养的决定力量。报告深入阐述了"金师"的四大条件：政治素质强、教育站位高、国际视野宽、"五术"要求精。一是政治素质强，就是要学深悟透习近平总书记教育重要论述，深刻把握习近平总书记对高等教育的要求、对高校发展的要求，以及对教师的期望和要求。二是教育站位高，就是要把握高等教育发展新阶段（普及化）、锚定高等教育发展新目标（高质量）、落实立德树人新要求（课程思政）、把握高等教育培养新范式（"四新"）、聚焦高等教育教学新基建（专业、课程、教材、技术）。三是国际视野宽，广大教师要深切关注和研究世界高等教育发展趋势，在国际视野中精准把握中国高等教育发展。四是"五术"要求精，包括：道术要精，要有大境界、大胸怀、大格局；学术要精，要学科深厚、专业精湛；技术要精，要育人水平高超、方法技术娴熟；艺术要精，要有滋有味、有情有义；仁术要精，要坚守仁心仁术、以爱育爱。从 2017 年提出"金专"到 2018 年提出"金课"，再到提出"金师"；从"金课"两性一度到"金师"四个条件，推进了一场新时代高等教育教学改革的深刻变革和质量革命。

改革开放 40 多年来，中国民办高校走过了一条不平凡的发展之路，先后经过了创建、调整、规范、发展、提升五个阶段。在中国教育体系中，民办高校一直扮演着重要的角色。随着中国高等教育的不断发展，民办高校在满足社会对高等教育需求方面发挥了积极的作用。然而，相对于公办高校，民办高校面临着独特的挑战和机遇。2024 年 1 月 25 日，教育部官网发文：做好银龄教师支持民办教育行动实施工作。同时，民办高校在新质生产力的背景下，需要关注教师的技术能力、数据分析能力、教育创新能力、跨学科整合能力和职业发展路径，通过提供培训、搭建平台、鼓励创新和开放发展机会等措施，促进教师的全面发展，以适应新时代教育的需求。

本书的研究目的在于探究中国情景下，民办高校教师发展的影响因素和管理创新机制，其研究成果：一方面开拓了高层次人才引进管理方法研究的新领域，为民办高校人才吸引、激励与留用政策的制定提供了科学依据；另一方面，为民办高校的人才管理提供了四川本土化典型案例，可以为我国民办高校改革的顺利推进提供智力支持，为提升民办高校教师队伍的素质和教学质量提供有益的思考和建议。

本书主要聚焦四川地区民办高校专职教师队伍，从多个维度，特别是学校管理的角度探讨如何通过科学有效的实施路径和管理创新，促进四川地区民办高校的教师发展。本书一共 8 章。第 1 章分析了民办高校的建设背景和教师发展的政策背景，明确了研究目标、思路和研究方法。第 2 章为理论基础部分，进行了全面的文献综述，以终身教育理论、建构主义理论、个人—环境匹配理论、洋葱模型理论以及成人学习理论为研究基础，明确了全书的核心概念。第 3 章详细分析了民办高校教师队伍的构成及特征，探讨了民办高校师资队伍建设面临的主要问题，详细调研了四川省民办高校教师管理现状，在此基础上构建了民办高校教师发展影响力模型。第 4 至第 6 章，从民办高校教师吸引力、内驱力、激励力三个维度，提出了促进教师发展的提升路径和管理创新。第 7 章分析了教师发展的载体——教师发展中心，通过对比分析，提出民办高校教师发展中心的建设建议。第 8 章为本书的总结与展望。

本书希望帮助民办高校更好地锻造高素质教师队伍和支持教师发展，为民办高校提供有关教师发展的实用建议，以促进他们在高等教育领域的可持续发展。

罗堰

2024 年 7 月

目录

1 研究背景及意义

1.1 研究背景

1.1.1 政策背景

2020 年 12 月 24 日,《教育部等六部门关于加强新时代高校教师队伍建设改革的指导意见》(教师〔2020〕10 号)(以下简称《指导意见》)发布,这是全面贯彻习近平总书记关于教育的重要论述和全国教育大会精神,深入落实中共中央、国务院印发的《关于全面深化新时代教师队伍建设改革的意见》和《深化新时代教育评价改革总体方案》,加强新时代高校教师队伍建设改革的重要政策。《指导意见》也是高校教师队伍建设改革的顶层设计,明确提出要"完善现代高校教师管理制度,激发教师队伍创新活力",如完善高校教师聘用机制、深化高校教师考核评价制度改革等。应用型民办高校教师队伍建设需遵循《指导意见》提出的指导思想、目标任务和工作举措。

1.1.2 应用型民办高校建设背景

改革开放 40 多年来,中国民办高校走过了一条不平凡的发展之路,先后经过了创建、调整、规范、发展、提升五个阶段。

截至 2023 年 7 月底,教育部官网数据显示,我国高等学校有 3 012 所,其中民办高校 764 所,占全国高教育学校的 25.37%[①]。也就是说,中国高

[①] 教育部. 2022 年教育统计数据 [EB/OL]. (2023-07-05) [2023-11-01]. http://moe.gov.cn.

等教育体量的四分之一是民办高等教育。民办高校在自身不断建设和发展的过程中，为国家教育作出了自己应有的贡献，例如，促进了高等教育普及化和公平化，完善了高等教育运行机制，减轻了高等教育的财政压力，满足了人民群众享有高等教育的多样化需求。党的二十大报告指出"引导规范民办教育发展"，为民办教育的发展指明了方向。

习近平总书记指出"人才培养，关键在教师"，教师队伍素质直接决定着大学办学能力和水平。高质量的教师队伍是建设优质民办高校的重要核心原动力。截至 2023 年 7 月底，普通高等教育学校专任教师有 198 万人，民办高等学校专任教师有 37 万人，接近全国普通高校教师总数的五分之一。

在民办高校专职教师队伍的建设和运行中，主要有三个方面的运行特征：一是从年龄结构方面来说，31~40 岁年龄阶段教师占比最高，30 岁以下年龄阶段教师的占比次之，这两个年龄阶段的教师队伍人数占到总人数的 60% 左右。这两个年龄阶段的教师队伍在教学竞争力和教学经验方面存在较为明显的欠缺，在发展和能力提升方面也有较大的欠缺。二是从学历结构方面来说，具有硕士学位的教师人数占到总人数的 30% 左右，基本上达到国家在相关方面的要求。三是从职称结构方面来说，具有正高级职称的教师人数在总人数中占比较低，并且集中在年龄较大的教师群体中，反映出整体教师队伍欠缺持久的发展动力，无法满足民办高校长期发展的需求[1]。如何通过有效的管理机制和手段，促进民办高校教师发展，具有很强的现实意义。

1.2　研究目标

本书主要聚焦四川地区民办高校专职教师队伍，从多个维度，特别是学校管理的角度探讨如何通过科学有效的实施路径和管理创新，促进四川地区民办高校的教师发展。

---

① 石彬，陈太丽，郑丽娟. 民办高校教师转型发展和能力提升研究 [J]. 科技风，2020（2）：203-204

本书的目标主要有四个：第一，剖析民办高校教师队伍的构成及基本特征；第二，通过调研，了解目前四川地区民办高校教师的发展现状及存在的教师管理问题；第三，构建民办高校教师发展模型（影响机制）；第四，通过比较研究，对民办高校教师发展提出对策建议。

1.3　研究思路及方法

1.3.1　研究思路

本书根据相关理论分析和对民办高校教师管理实践的初步调研，构建民办高校教师发展影响机制模型，并提出相应的对策建议。

该模型主要将民办高校教师发展的影响因素分为吸引力、内驱力和激励力三个方面。教师吸引的影响因素主要来自组织声誉和组织实力，体现出微观治理主体是高校人才吸引方面发挥作用的主要渠道；实现学校教师发展的转化器则是由绩效考核与组织承诺支持的教师内驱力；最终实现教师保留的是由组织氛围与薪酬福利制度决定的教师激励力。这三种力量形成了人才"选、用、育、留"管理回路，相互作用，层层传递，协同发展，共同激发民办高校教师发展的良性循环。

1.3.2　研究方法

1.3.2.1　文献研究法

为了系统分析民办高校教师发展的提升路径与管理创新的发展脉络，本书先对高校发展理论和实践进行文献梳理，在此基础上，对相关研究文献进行归纳与整理，对其概念含义、结构维度、影响因素、影响结果进行深入系统的文献分析与评价，确认已有的研究基础和成果，明确本书的核心问题及分析思路。

1.3.2.2　案例研究法

在民办高校教师发展提升路径与管理创新实证研究过程中，本书采用了基于内容分析的案例研究，形成了四川地区民办高校教师发展的实践案例。

1.3.2.3　问卷调查法

本书依据理论框架和实证模型，遵循调查问卷的设计原则，采用量表方式对被试者进行行为判断和能力调查。对问卷预测获取的数据进行信度与效度评估，进一步完善问卷测量工具，通过问卷调查获取的数据为检验理论假设，探索变量间关系提供依据。

2 民办高校教师发展的理论基础

2.1 文献综述

2.1.1 国外研究现状

国外高校有公立和私立之分。《美国新闻与世界报道》于 2024 年 6 月 25 日发布了 2023 年度全球最佳大学排名榜，哈佛大学、麻省理工学院、斯坦福大学囊括前三名。排名前十位的美国大学还包括加州大学伯克利分校（名列第四）、华盛顿大学（名列第六）、哥伦比亚大学（名列第七）、加州理工学院（名列第九）、约翰斯·霍普金斯大学（名列第十）。名列前十的其他两所高校为牛津大学（名列第五）、剑桥大学（名列第八）。在这十所大学中，加州大学伯克利分校、华盛顿大学以及伦敦大学学院属于公立大学，其余七所是私立大学。日本、韩国的私立大学在高等教育体系中也占有相当重要的地位。国外的私立大学之所以办得如此成功，关键在于其雄厚的师资力量。

通过检索 Web of Science 数据库，本书以 "private university teacher" 作为检索词进行检录，研究成果较少，具体研究观点包括：

艾哈迈德等（Ahmed et al., 2016）认为大学的整体工作环境对教师的绩效有显著影响，其他变量，如工作量、工作时间对教师绩效也有显著影响。非有利的工作环境、不合理的工作时间、过度的工作量会对大学教师绩效产生负面影响[1]。

---

[1] AHMED R, VVEINHARDT J, AHMAD N, et al. The impact of working conditions on female teachers' performance in private universities of Karachi [J]. Social science electronic publishing, 2016, 3 (7)：5543-5552.

卡切罗（Cacheiro-González，2018）认为公立大学和私立大学的教师在工作满意度量表（工资、晋升、福利、同事、所做的工作类型和组织内的沟通）上的一些陈述的一致程度在统计上存在显著差异。建议教育管理者考虑基于教师需求、职业感知和个人感知与工作满意度的相关性[①]。

国外私立大学教师的权利受到良好的保障，主要体现在：明确的法律地位和身份，聘任制度法制化、规范化，完善的救济制度，教师组织的维权功能，国家的财政支持。其经验对我国民办高校教师权利的保障有着很重要的借鉴意义。主要表现在：

第一，私立大学教师的法律地位与身份有明确的规定。例如，在美国私立大学，教师可以依据联邦劳动法规定，组织工会与学校订立团体协议。私立大学教师虽然是雇员身份，但教师待遇多参照公立大学的标准办理，除了保证教师的基本工资，还有各种各样的津贴和资金，以及丰厚的社会福利待遇。

第二，教师的聘任程序法制化、规范化。国外教师聘任合同在内容上非常具体，涉及面广，可操作性强。合同一般包括内容和附录两部分。以美国密歇根州的教师聘任合同为例，其合同共有 24 条，包括：日程安排、教学环境、学校的改善、资格与委派、假期、补贴、评定、课程参与与在职培训、退休或离职、保险保护等。另有 7 份附录，分别是工资表、额外工作量工资表、学校年历、申诉表、个人合同表、事假申请表、教师评定表。合同明确了三方（校方、教师、第三方维权组织）的权利和义务、教师的物质待遇及救济渠道等。尤其是合同中的附录部分，使合同有很强的透明性和实用性。

第三，对教师权利保障有完善的救济制度。国外良好的法治大环境赋予教师很强的法律意识。国家在处理教育事件的过程中也逐步形成了一套完善的事后救济制度。

第四，教师组织的维权功能。国外各类各级教育组织及协会，在维护教师权益、保证学术自由、维护学校自治等方面发挥着很大的作用。

---

① CACHEIRO-GONZÁLEZ ML. Job satisfaction of teachers from public and private sector universities in lahore, pakistan: a comparative study [J]. Economics & sociology, 2018, 11（4）: 230-245.

第五，国家的财政支持。一所大学的发展离不开雄厚的财政支持。教师的权利保障与"钱"休戚相关。国外对私立学校的资助早已制度化、法律化。例如，美国1963年的《高等教育设施法》、1965年的《高等教育法》，日本1970年的《私立学校振兴财团法》，1975年的《私立学校振兴促成法》、韩国的《私立学校法》和印度的《大学补助金委员会法》等，都从法律上规定了对私立高校的资助办法。美国私立大学办学经费来源以多元化著称。除了学费这一最主要、最稳定的收入，还有社会捐赠（14%）、政府资助（17%）以及私立大学的社会服务收入（23%）。

日本的相关研究以广岛大学高等教育研究所的有本章为代表，其文章《教师发展的课题：日本的视角》，从分析社会变化、高等教育改革和学术专业变化之间的关系出发，指出在严峻的环境变化中，世界各国大学改革势在必行。特别是肩负重任的大学教师们直接面对着困难局面。大学教师所从事的专业研究、教学质量及其能力拓展正在引起关注。

以挪威奥斯陆大学阿瑞尔德·谢尔德武（Arild Teldvoll）为代表的学者则从全球化、信息与通信技术革命及高等教育大众化对教师素质的新要求的角度出发，认为只有不断提高教师素质才能确保大众化阶段高等教育具有持续竞争力[1]。

美国国家学术领导学院的负责人莱恩·加德纳（Lion F. Cardiner）认为，高校对教师发展的推进，应该借鉴企业的管理模式，提供职业发展方面的服务，不能停留在约定俗成却没有科学理论基础的管理模式上。在加快教师发展，促进教师与学校融合上，莱恩·加德纳提倡通过实地调查评估，结合理论研究，邀请不同利益相关方进行分析与讨论的基础上，寻找合理的解决方案，从而有效地提升高校教师的工作效率[2]。

荷兰学者贝嘉德（Beijaard）对教师早期的职业认同感的养成和教师发展提供的服务进行了归纳和分析，认为教师的职业认同需要从入校到之后很长一段时间逐渐培养出来，而这个过程不仅需要教师自身的努力和发展，还需要高校能够在他们不同的发展阶段提供相应的辅导与服务，从而

---

① 李艳梅. 中国特色高校教师发展与使命自觉 [D]. 长春：吉林大学，2017.
② 储小妹，金蕊. 高校教师发展理论体系的构建 [J]. 中国成人教育，2016（15）：134-136.

加深教师对自身职业的认识，以及对学校的归属感与认同感。在具体的实施过程中，高校只有根据科学、持续的调查研究，对教师情况进行细致的了解，才能为教师提供连续性、系统性的辅导帮助，同时，也可以根据调研后的数据分析结果提供有针对性的解决方案①。

2.1.2 国内研究现状

随着我国民办高校良好地发展，关于民办高校教师发展的研究也逐渐增多。截至 2023 年年底，本书通过检索 CNKI 数据库，以"高校教师发展"为关键词，检索出相关文献 5 044 条，涵盖的研究内容非常丰富；以"民办高校教师发展"为关键词，检索出相关文章 248 篇，研究始于 2005年，2016—2017 年的研究成果最为丰富。研究内容主要包括：针对英语教师、年轻教师、某一学科教师、双师型教师的发展问题；从生态学、职业生涯规划、发展性评价、马斯洛需要层次理论、勒温场动力理论、社会认知理论等不同视角展开研究；基于转设背景、大数据背景下对民办教师发展的相关研究。2005—2023 年相关文献研究的年度发表趋势如图 2-1 所示。

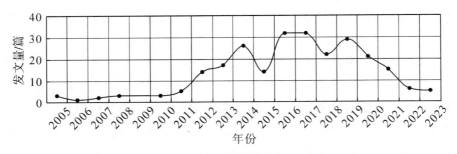

图 2-1　2005—2023 年关于"民办高校教师发展"的文献年度发表趋势

经过对文献资料的归纳整理，得到以下主要的研究角度和观点。

2.1.2.1　关于高校教师发展概念的相关研究

高校教师发展是在高等教育中对指导者实施的专业训练。如同公司为保持和改进产品和服务的质量，就必须培训和发展员工一样，大学为提高教学质量和发展就必须促进教职员工能力的高度发展。高校教师发展的目

---

① 储小妹，金蕊. 高校教师发展理论体系的构建 [J]. 中国成人教育，2016（15）：134-136.

的是提高教育的质量，是形成教学观念、教学信仰的过程，是有效地甄别成功的教学经验，谨慎地选择各种新的教学手段、策略和技术，并把包括现代计算机网络技术和应用软件在内的各种教学技术、手段等综合地运用于教学实践。

潘懋元、罗丹（2007）在《高校教师发展简论》中提出：高校教师发展广义上指所有在职大学教师通过各种途径、方式的理论学习和实践，使自己各方面的水平持续提高、不断完善。狭义上讲，大学教师的发展更多强调其作为教学者的发展和提高，也就是强调教师教学能力的提高。在某些国家或地区的特定阶段，因为教育发展水平以及认识的差异，它甚至仅仅指新教师培训[①]。

卢辉炬、严仲连（2008）在《美、日、中大学教师发展之比较》中提出：大学教师发展是"为了使教师改进教学内容、方法而采取的努力的总称。此意义包括的范围极其广泛，具体的可举行诸如教师教学相互观摩、教学方法研究、新任教师研修会等"[②]。

2011年，钟秉林发表了文章《高度重视高等学校教师发展问题》，进一步从宏观上论述了大学教师对高等教育质量提高的重要意义，并提出了一系列相关对策[③]。

2012年12月，《教育研究》发表了一组《学习贯彻党的十八大精神努力办好人民满意的教育》四篇文章，作者分别是时任浙江大学党委书记金德水、吉林大学党委书记陈德文、西南大学党委书记黄蓉生、首都师范大学党委书记张雪。他们都提到办好人民满意教育，要深化高等教育改革，要提升人才培养质量，关键需要高水平的教师队伍[④]。

2.1.2.2　关于高校教师发展影响因素的相关研究

对高校教师发展影响因素的研究文献较多。部分研究学者对民办高校

① 潘懋元，罗丹. 高校教师发展简论 [J]. 中国大学教学，2007（1）：5-8.
② 卢辉炬，严仲连. 美、日、中大学教师发展之比较 [J]. 教育新探索，2008（6）：134-136.
③ 钟秉林. 高度重视高等学校教师发展问题 [J]. 中国高等教育，2011（18）：4-6.
④ 银丽丽. 高校教师发展的内涵与途径研究 [J]. 成都师范学院学报，2017，33（5）：36-39.

教师的影响因素进行了划分，这些影响因素主要被划分为自身因素和外界因素。学者在对影响因素进行研究的过程中，以定性研究的方法为主，对教师进行采访约谈，概括其所存在的共性。有的学者采用定量研究的方法，通过调查问卷或数据搜索，在数据的基础上对影响因素进行探究。部分学者提出的影响因素总结如下：

杨波（2018）在《高校青年教师专业发展动机及其影响因素研究：以A大学为例》中提出教师发展的影响因素主要包括个人因素、学校因素、人际关系因素、家庭因素、社会因素等。其中，个人因素可以从两个方面来看：一方面是个人的客观情况，包括教师的学历（知识资本）、年龄、教龄、现在的职称等；另一方面是教师个人主观上对教师专业发展以及教师这一行业的理解。学校因素既包括学校的基础设施，如学校的教学科研条件和投入，也包括学校的文化和有关制度，如学校的历史文化、教师的职称制度、人事升迁制度等，还包括学校领导对教师专业发展的重视程度，以及教研团队质量和协作程度、学校组织的教师专业发展培训等。人际关系因素主要是指师生关系和同事关系。家庭因素主要指家人对教师工作的支持和鼓励、对教师行业的认可等。社会因素主要包括社会上对教师行业的理解和认同程度、对学科的需求程度、有关行政部门对教师的要求，教师的权利和义务等①。

周秋旭（2016）在《地方高校青年教师发展的影响因素及路径研究》中提出影响地方高校青年教师发展的因素有客观和主观两个方面，其中客观因素包括在普通高校场域内，地方高校处于弱势地位，以及在地方高校场域内，青年教师处于弱势地位。主观因素包括教育素养不足、教学经验缺失、职业压力过大、缺乏科学的职业生涯规划②。

张静（2016）在《影响高校教师职业发展的组织因素分析》中提出，高校教师职业发展的组织因素被归纳为三个：第一，组织环境主要是指学校的人文环境、学术氛围、硬件设施等。第二，组织管理，通常包含管理

① 杨波. 高校青年教师专业发展动机及其影响因素研究：以A大学为例 [D]. 哈尔滨：东北农业大学，2018.
② 周秋旭. 地方高校青年教师发展的影响因素及路径研究 [J]. 高教学刊，2016（11）：65-67.

方法、制度、人员、风格等。第三，组织认同，通常是个人对组织价值、文化、理念、使命、发展的认可，以及个人对组织的荣誉感和自豪感①。

吴陈颖、张静（2013）在《高校教师专业自主发展的影响因素分析》中提出教师专业化发展过程中，综合素质的提高更多地依赖教师个人的自主发展。各种外在的条件需要通过教师主体的作用才能最终发生作用，这需要教师具有较高的自主专业发展意识，理智地实现自己，筹划未来的自我，控制当下的行为。自主发展是教师专业发展重要的途径，只有不断对教学进行自我反思、自我提升，才能肩负起新时代的教育重任，才能创造一流教育。教师已不再是教育理念的简单消费者和贮存他人观念的容器，他们是有自我批判意识的主体。教师能自觉承担专业发展的责任，通过对自我身份的完整逐渐认同、自我专业发展使自己的教学调控能力得以提高来实现自我专业化的良好发展②。

时迎芳（2010）在《高校教师专业发展中的影响因素》中主要查阅了浙江省内各高校的主要出版物，如校报、学报等。其对高校教师专业发展中的影响因素的归纳如下：第一，内部自主因素，包括教师的信念、教师的知识素养、教师的教育、学术研究（时间因素）、教师的道德伦理素养；第二，外部客观因素，包括国家的教育政策、学校提供的条件和支持、团队组织的合作③。

杨丹等（2017）在《高校教师学术职业的发展路径及其影响因素》中采用了文本分析的方法，对41位教学名师的简历进行了分析、梳理和总结，尽可能全面了解对教师学术职业发展产生影响的因素。研究表明影响因素涉及以下三个方面：学历结构与学缘结构、学术产出与学术认可、教学学术能力的养成④。

徐本锦（2016）在《高校青年教师专业发展途径和影响因素分析》中

---

① 张静. 影响高校教师职业发展的组织因素分析［D］. 天津：天津大学，2016.
② 吴陈颖，张静. 高校教师专业自主发展的影响因素分析［J］. 黄山学院学报，2013，15（1）：84-87.
③ 时迎芳. 高校教师专业发展中的影响因素［J］. 文理导航（下旬），2010（7）：51，67.
④ 杨丹，张清江，王蕾. 高校教师学术职业的发展路径及其影响因素［J］. 西北工业大学学报（社会科学版），2017，37（4）：82-85，113.

提出青年教师专业成长受多方面因素的影响，如自身因素、社会因素、学校因素等①。

梁会兰（2014）在《高校教师教学专业发展的内涵、影响因素及实现路径》中提出了影响地方高校青年教师发展的因素：在教师层面包括理想信念和教育背景；在高校环境层面包括高校的领导、文化与制度；其他包括时间因素、传统高校教育工作思想倾向于个人而非团体、工作重点在协助学生学习的"教学专业发展"与教师普遍追求的"学术研究专业发展"分离②。

2.1.2.3　关于高校教师发展存在的问题的相关研究

曹中秋、张晨阳（2019）在《高校青年教师专业发展的特征及影响因素》中认为民办高校教师发展存在的主要问题如下：第一，青年教师的职业生涯规划意识薄弱，对专业发展认识不足；第二，青年教师教学能力和经验不足，专业发展动力欠缺；第三，教师职业培训内容和形式单一，专业发展体系不健全；第四，教师职称晋升制度倾向于科班，专业发展取向不准确；第五，教师事务性工作过多，挤压专业发展空间③。

刘畅（2017）在《高校青年教师职业发展的影响因素分析及改善建议：以A大学为例》中认为民办高校教师发展存在的主要问题如下：缺少进修机会、工作负担重、经费短缺、职称和职务晋升机会太少、发表学术论著难、工作条件差、领导不重视、人际关系紧张④。

王艳艳（2015）在《高校青年教师学术发展的影响因素及对策》中认为民办高校教师发展存在的主要问题如下：第一，教学任务重，科研积极性低；第二，生活中扮演双重角色，科研中处于边缘地位；第三，青年教师自我发展定位不准确，高校缺少对青年教师的关注⑤。

①　徐本锦. 高校青年教师专业发展途径和影响因素分析 [J]. 山西大同大学学报（社会科学版），2016，30（5）：87-90.

②　梁会兰. 高校教师教学专业发展的内涵、影响因素及实现路径 [J]. 中国成人教育，2014（24）：119-121.

③　曹中秋，张晨阳. 高校青年教师专业发展的特征及影响因素 [J]. 文教资料，2019（25）：95，102-103.

④　刘畅. 高校青年教师职业发展的影响因素分析及改善建议：以A大学为例 [J]. 黑龙江畜牧兽医，2017（4）：229-231.

⑤　王艳艳. 高校青年教师学术发展的影响因素及对策 [J]. 继续教育研究，2015（9）：68-69.

徐本锦（2016）在《高校青年教师专业发展途径和影响因素分析》中认为民办高校教师发展存在的主要问题如下：第一，以科研业绩为导向的制度弱化了教师的专业情意；第二，教师评价制度不够合理；第三，任务过重导致专业发展不合理①。

林曦云（2015）在《高校教师专业发展的影响因素及提升途径》中认为民办高校教师发展存在的主要问题如下：第一，未树立正确的专业发展意识，导致教师缺乏长远规划与动态调整；第二，未重视专业发展的培育，导致高校培养教师形式与方式单一；第三，未尊重教师职业发展规律，导致高校机构设置缺乏专业考虑，无专门管理机构；第四，未合理设置教师评价制度体系，导致职称评审等制度遏制教师专业发展②。

2.1.2.4 关于教师发展策略的相关研究

周秋旭（2016）在《地方高校青年教师发展的影响因素及路径研究》中提出以下三点教师发展策略：第一，观念层面：更新观念、自我发展、科学规划、激发动力，树立全面发展观念，增强自主发展意识和养成职业生涯规划意识，激发内在发展动力。第二，制度层面：健全机制、科学评价、有效激励，建立健全青年教师培训制度，建立科学的青年教师评价体系，建立有效的青年教师的激励机制。第三，组织层面：成立机构、建设团队、营造气氛，成立专门的高校教师发展机构，加强教师团队建设，营造良好的组织气氛和发展环境③。

刘畅（2017）在《高校青年教师职业发展的影响因素分析及改善建议：以A大学为例》中提出以下四点教师发展策略：第一，重视高校青年教师职业能力发展需求；第二，形成分阶段、分类型的能力提升方案；第三，构建高校青年教师职业能力提升的政策保障体系；第四，优化高校青年教师考评机制④。

---

① 徐本锦. 高校青年教师专业发展途径和影响因素分析 [J]. 山西大同大学学报（社会科学版），2016，30（5）：87-90.

② 林曦云. 高校教师专业发展的影响因素及提升途径 [J]. 教育评论，2015（8）：120-122，133.

③ 周秋旭. 地方高校青年教师发展的影响因素及路径研究 [J]. 高教学刊，2016（11）：65-67.

④ 刘畅. 高校青年教师职业发展的影响因素分析及改善建议：以A大学为例 [J]. 黑龙江畜牧兽医，2017（4）：229-231.

王艳艳（2015）在《高校青年教师学术发展的影响因素及对策》中提出以下三点教师发展策略：第一，青年教师要转变观念，增强学术意识；第二，适当增加青年教师的收入，改变教师评价方式；第三，加强制度管理，强化团队建设①。

徐本锦（2016）在《高校青年教师专业发展途径和影响因素分析》中提出教师发展策略应包括注重岗前培训和专业培训、提高自我认知水平、充分利用教学促进专业发展以及通过科研促进专业发展和教学与科研相互促进发展②。

林曦云（2015）在《高校教师专业发展的影响因素及提升途径》中提出以下四点教师发展策略：第一，因地制宜科学设定发展机构与联动模式，创设教师成长成才的提升途径；第二，精选不同阶段教师的发展计划和培训内容，遵循职业生涯动态发展规律；第三，建立教师交流平台，营造高校教师文化氛围，提升教师自我发展意识；第四，建立多元化教师评价体系，合理改革教师职称晋级制度③。

梁会兰（2014）在《高校教师教学专业发展的内涵、影响因素及实现路径》中提出以下四点教师发展策略：第一，鼓励教师通过多种途径提升教学水平；第二，积极创设条件促进教师教学专业成长，成立教学发展研究机构和制定有利于教学发展的管理制度；第三，积极宣传推广教学促进活动④。

陈贤（2014）在《高校教师自主专业发展的影响因素及策略》中提出以下三点教师发展策略：第一，树立专业发展意识，进行自我职业规划；第二，培养反思能力，开展反思性教学；第三，构建学习共同体，提升科研素质；第四，建立发展性教师评价制度⑤。

---

① 王艳艳. 高校青年教师学术发展的影响因素及对策 [J]. 继续教育研究，2015（9）：68-69.

② 徐本锦. 高校青年教师专业发展途径和影响因素分析 [J]. 山西大同大学学报（社会科学版），2016，30（5）：87-90.

③ 林曦云. 高校教师专业发展的影响因素及提升途径 [J]. 教育评论，2015（8）：120-122，133.

④ 梁会兰. 高校教师教学专业发展的内涵、影响因素及实现路径 [J]. 中国成人教育，2014（24）：119-121.

⑤ 陈贤. 高校教师自主专业发展的影响因素及策略 [J]. 新余学院学报，2014，19（5）：125-127.

2.1.3 研究评述

在 CNKI 中，以"四川民办高校教师发展"为检索词，查阅到的相关文献的数量为 0，反映出本书所涉及的这一领域有待完善。目前收集到的对于民办高校教师发展的观点各有千秋，较为理论化，实证研究较少。再加上我国民办高校发展时间较短，院校类型结构特殊，相关法律政策也不尽完善，对其研究的理论体系简单，研究层面较为宏观，未从细致角度切入。因此我们有必要采用实证、访谈调研等方法进一步丰富相关研究，用于指导实践，并有效提升民办高校教师发展的策略和创新实践。

2.2 教师发展核心理论

2.2.1 终身教育理论

终身教育理论是由法国的保罗·朗格朗（Paul Lengrand）首次提出的，它是指人们一生所有阶段所接受的教育：既有学校教育，又有社会教育；既有正规教育，也有非正规教育。他强调教育是一个连续的统一体，传统教育不能满足人一生发展的全部需要，因此教育应以终身发展为目标。随着经济的不断发展，教育改革的不断推进，终身教育思想受到教育领域越来越多的关注与重视。

每个人都应将教育贯穿于一生的所有活动，人们不仅应将终身教育视为生存发展的动力，而且更应以终身教育理念为自己的指导思想。教师作为教授者，须不断丰富自己的知识领域，以应对教育改革不断深化发展的新形势。同时，教师作为学习者，无论是入职培训，还是自身主动学习，都可以看出教师的职业发展就是一个不间断更新迭代的学习提升过程。

2.2.2 建构主义理论

建构主义理论是 20 世纪 60 年代由瑞士心理学家、哲学家皮亚杰提出的，之后科恩伯格、斯滕伯格和维果斯基等人的研究使这一理论得到丰富和完善。在知识观上，知识只是对人的客观世界的一种解释或假设，而不是问题的最终答案。建构主义强调知识是动态变化的，它需要更新和创造。随着教师对知识的不断扩充与深入，新的问题会不断产生，从而教师须结合现有社会环境对原有的知识进行再加工、再创造。在学习观上，建构主义注重教学过程中学生的主动性，教学不是简单的知识输送，而是通过创设情景来激发学习者自我思考，促进他们解决问题学习新知，让学习者对已有知识进行丰富，自主构建出知识体系。在学生观上，建构主义理论认为学生的经验不可忽视，应该尊重学生已有的经验。教师的教学技术是在不断学习、不断理解、不断实践的过程中成长起来的。此外，建构主义更注重学生在教学过程中的主体作用，它强调教师作为学生的引导者，在为学生创设良好的学习环境下，通过合作学习、主动探究等教学方式积极主动引导学生参与知识的学习。

2.2.3 个人—环境匹配理论[①]

个人—环境匹配主要是指在企业管理的范畴中从个体与组织制度、组织文化等的相互关系角度，分析人的行为变化规律，强调通过增加个体与环境的相互适应，增强员工的工作动力。该理论起源于 20 世纪初美国社会学家帕森斯（Parsons）提出的环境匹配模型，他认为个人与职业匹配的关键在于个体认知因素、资源条件因素以及能力因素之间的匹配程度。一方面，个体要适应环境的要求，个体的时间、精力、知识、技能要与环境要求相契合，这种环境要求主要包括工作强度、技术水平以及社会角色期待等。另一方面，环境要满足个体的需求，只有在特定的环境中，个体的情绪、情感、目标、兴趣、愿望等方面得到了充分的尊重和满足之后，个体才能够发挥出最大的潜能。

民办高校的发展是在我国经济、社会发展的大背景下，高等教育发展的必然趋势。民办高校的一切工作都必须紧紧围绕教学工作这一核心内容

---

① 曹茂甲. 我国高校青年教师专业发展动力研究 [D]. 大连：辽宁师范大学，2019.

展开，与此同时，民办高校也应按照现代普通高校的功能要求，积极有效地开展一些学术研究工作以及社会服务等服务社会的活动。因此，民办高校教师既要通过学术研究工作使自身的教学水平获得提高，又要通过承接社会研究等课题，在遵循教学规律的基础上对理论知识进行总结和提炼，并且在教学实践中不断进行分析、探讨和论证。

2.2.4　教师专业发展洋葱模型理论①

荷兰著名教师教育专家科瑟根（Korthagen）认为，教师专业发展必须摒弃专家教授指导教师被动学习的传统模式，而应具体分析问题出现的根源，对其进行有针对性的指导。科瑟根将教师专业发展的影响因素归结为层层嵌套的"洋葱模型"（见图2-2），在这个模型中，教师的专业发展要受到环境、行为、能力、信念、专业认同、使命感六个层次的影响，只有当教师更多地接触到他们自己的身份和使命时，才会产生对职业看法的转变，并引发自身专业发展行为的根本性变化，充分发挥自身的潜能，实现专业的快速成长。

在科瑟根的洋葱模型中，专业发展是一种由外向内逐渐深化的过程。这个过程的六个层次具体如下：第一个层次是环境，主要包括组织制度、校园文化、规则、课程要求、学生特点等方面的内容；第二个层次是行为，也就是在教学过程中出现的一些方式、方法，主要的关注点是行为的有效性；第三个层次是能力，主要的关注点是教师的知识水平、教学方法、行为意识等方面的内容；第四个层次是信念，主要关注教师对于自身专业的角色认同、经验感受、职业信念等；第五个层次是专业认同，教师必须具有积极的专业发展意识，真正理解自己职业的价值，有成为一名优秀教师的向往；第六个层次是使命感，主要关注教师专业发展的终极目标和根本意义，也就是教师能否在学生成长中找到自己的存在价值。

---

① 曹茂甲. 我国高校青年教师专业发展动力研究 [D]. 大连：辽宁师范大学，2019.

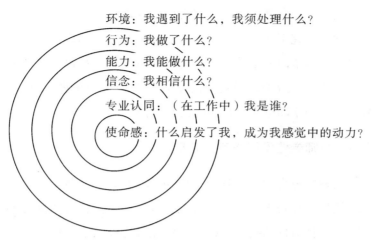

环境：我遇到了什么，我须处理什么？

行为：我做了什么？

能力：我能做什么？

信念：我相信什么？

专业认同：（在工作中）我是谁？

使命感：什么启发了我，成为我感觉中的动力？

图 2-2　科瑟根的洋葱模型

科瑟根认为这六个层次是一种相互影响的关系，外部因素会层层影响内部因素，而内部因素也会影响外部因素。例如，比较差的环境可能会限制行为，影响能力的发挥，缺乏胜任感的教师无法形成教育信念，也不能产生职业认同感，这样的职业使命感也就被大大地弱化。相反，较强的职业使命感则会产生强烈的职业认同，增强职业信念，并且能动地发展能力，通过实践活动对外部环境形成改造，使之更加适合教师的专业发展。这个洋葱模式也为高校教师专业发展动力的框架建构提供了很好的思路，专业发展的影响因素大多来自动力的要素，动力来源于需求，而需求的层次恰好与专业发展动力的层次相契合，因此高校青年教师专业发展动力与该模型存在着类似的结构关系。

2.2.5　成人学习理论[①]

美国当代成人学习理论主要有三个重要理论，即诺尔斯的成人教育学理论、塔夫等的自我指导学习理论和麦兹罗的转换学习理论。

第一个重要的成人教育理论是诺尔斯于 1968 年提出的成人教育学的概念，使成人教育与其他教育领域区分开来。他对成人学生的特点提出了五个基本假设：①具有独立的自我概念，能够指导自己的学习；②积累了丰

---

① 李薇. 日本大学教师发展（FD）研究 [D]. 上海：上海师范大学，2017.

富的生活经验，这些经验是其后继学习的资源；③具有学习需要，这些需要与改变自我的社会角色密切相关；④以问题为中心，希望能立即运用自己所学的知识；⑤学习为内在动机所驱动，而非外在因素。该理论对于系统地研究和揭示成人的学习特点有着开创性的重要地位和作用。

第二个比较有影响的成人学习理论是自我指导学习理论，诺尔斯、霍尔、格若等学者都有不少贡献，但塔夫是这一理论研究中贡献最大的学者。他在霍尔的研究基础上最先对自我指导学习这一学习形式进行了全面而细致的描述，随后引起了大规模的相关研究活动。尤其在自我指导的学习过程方面，学界出现了许多理论模型，最具代表性的是格若的分阶段自我指导学习模型。格若按照学生的准备程度将其划分为四种类型——依赖型、兴趣型、参与型、自我指导型，而教师根据学生所处阶段辅以相应教学策略。

第三个重要的成人教育理论是麦兹罗的转换学习理论。这一理论对成人阶段独特的学习特征进行了分析，强调成人通常在生活中遇到一些重大突发事件后，通过一系列的学习、反思和实践过程，实现自身角色的重大转变。这种转变不是知识和经验的积累或技能的增加，而指学习者的思想意识、角色等多方面的显著变化，其身边的人也可以感受到这种学习带来的转变。麦兹罗认为，成人教育的最高目标，应是帮助成人去实现他们的潜能，使其更自由、更具社会责任感和成为自主学习者。

2.3 关键概念

1991 年，美国教育联合会（NEA）发表了《大学教师发展：国力的提升》报告书。其对教师发展进行了全面、系统的界定，认为教师发展基本围绕四个目标：个人发展、专业发展、组织发展和教学发展。个人发展包括提高教师人际交往能力、维护健康、进行职业规划等。专业发展指获得或提高与专业工作相关的知识、技能与意识。组织发展则集中于创造有效的组织氛围，便于教师采用新的教学实践。教学发展包括学习材料的准备、教学模式与课程更新。本书采用 NEA 提出的四个教师发展的目标，结合我国高校的实际情况，对我国高校教师发展的核心概念进行界定①。

2.3.1 个人发展

2.3.1.1 职业生涯规划

从 2005 年起我国才对高校教师职业生涯规划进行研究。2006 年 3 月，首都经济贸易大学成立了教师促进中心，这是我国最早开展教师职业生涯规划与教师职业促进的教师互助组织。大多数高校和教师都认识到了制定教师职业生涯规划的重要性。

2.3.1.2 维护健康

高校教师，尤其是青年教师的压力越来越大，有来自教学、科研等工作的压力，也有来自家庭、住房等生活的压力。巨大的压力导致不少教师的健康状况堪忧。调查发现，66.89%的大学教师处于亚健康状态②。关注和维护教师的健康日益重要。

2.3.1.3 人际交往能力

研究发现，86.1%的青年教师认为人际交往十分重要，然而对青年教师最大的心理困扰就是人际交往，有近41.6%的青年教师认为自己的人际关系一般，9.8%的青年教师认为自己的人际关系不好。青年教师的人际交往能力没有得到高校的重视，高校通常认为这是教师自己的事情，因此普遍没有开展有效的人际交往能力训练。

2.3.1.4 培养专业自主发展意识

教师的教育行为，自主意识是先导③。同样，在教师专业发展过程中，自主专业发展意识也对民办高校教师的专业发展起着先导作用。人只有把自身的发展当作自己认识的对象和自觉实践的对象，人才能在完全意义上成为自己发展的主体。

2.3.1.5 树立终身学习的观念

"当教师停止了进步，学生就停止了进步。"④ 众所周知，当今世界已

---

① 周刚，李明. 我国高校教师发展的实践、问题及对策 [J]. 人力资源管理，2012, 64 (1)：113-116.

② 张盖伦. 中年高校教师职业负荷和健康状况亟待关注 [N]. 科技日报，2021-12-17.

③ 陈永明. 现代教师论 [M]. 上海：上海教育出版社，1999.

④ 费奥斯坦，费尔普斯. 教师新概念：教育理论与实践 [M]. 王建平，译. 北京：中国轻工业出版社，2002.

进入了一个终身学习的时代。由于终身学习理念的普及，高等教育的目的、资源、组织，个体学习方式及评价原则等都发生了一系列变化，尤其对教师个体的知识结构、教育理念、教学方式等提出了新的要求。一方面，教师的行为具有很强的示范性和表率作用，学生可以从中感受到终身学习的氛围，并接受教师的指导；另一方面，终身学习也保证了教师自身的不断发展，从这个意义上来说，也是教师自身发展专业能力的前提。

民办高校教师面对目前民办高校正由外延建设转型为内涵建设时期，应当随时针对自己所处的情境以及个人专业能力的发展状况进行评估，了解个人与环境间的动态关系，并据此制定与修正个人未来的发展方向。只有这样，才能最大化地发挥教师专业潜能。

2.3.1.6 个人实践努力

（1）积极学习教育理论知识

积极主动地学习、了解教师专业发展的理论，可以使教师对自己的专业发展保持一种自觉状态，及时调整自己的专业发展行为方式和活动安排，努力达到理想的专业发展。

（2）主动参与培训提高自身水平

在职学习与培训是民办高校教师更新、补充知识、技巧和能力的有效途径，可以为民办高校教师的专业发展提供机会。民办高校教师应选择适合自己发展的培训方式，学校开展的各种培训内容包括教育专业知识、学科专业知识、教育教学技能、教育新理念和教育研究等。

（3）制订个人发展计划

教师专业发展的目标不是从外部、由他人设定的，而是形成于自我专业发展过程，是由教师自己设定的。民办高校教师制订自我专业发展规划，可以使教师从发展的需要出发，进而达到专业发展的目的。制订自我专业发展规划，要求教师结合学校发展规划自主确定一个明确的努力目标，包括进行自我认识与定位、发展目标与方向规划、实现目标的途径和措施以及需要学校提供哪些方面的帮助等。

（4）教学反思

教师成长和发展的第一步，就在于教师自身的反思、教师对自身的评价和教师对自我的改造。反思性教育实践是教育主体从教育问题出发，通过假说与实验等自觉调整自己的教育思想与行为，不断提升教育实践合理性使自己获得更大幸福的过程。

2.3.2 专业发展

2.3.2.1 课程学习和学历、学位提高

教师在学校教育时期所学的知识并不能完全满足教学和科研的要求，很多教学、科研内容涉及更深的专业知识和相关学科的知识，这就要求教师根据其教学科研需要参加相关课程的学习或者参加学历、学位进修学习。浙江大学对教师参加课程学习提出了要求，为了鼓励教师进行学科交叉，创造出创新性的成果，要求刚入校的青年教师必须随本科教学课堂学习3门以上非本专业的课程。华中科技大学计算机学院大力推进"博士化工程"，青年教师中95％已获得博士学位或正在攻读博士学位。

2.3.2.2 出国研修

青年教师出国研修，能拓宽青年教师的国际视野，学习国外的先进知识和理念，提高学术水平，建立与国外高等学校和学术机构交流合作的渠道。

2.3.2.3 国内访问交流

选出教学科研骨干赴国内重点大学、国家重点实验室、工程研究中心做国内访问学者，是依靠国内现有条件和力量培养学术带头人和学术骨干的重要形式。

2.3.2.4 进博士后科研流动站（博士后工作站）工作

博士后科研流动站（博士后工作站）为刚毕业的博士生提供了一个继续专心从事科学研究的平台。高等学校选派已取得博士学位的教师进入相关博士后科研流动站（博士后工作站）进行两年的研究工作是一项造就优秀专业人才的制度。有些高校则采取了师资博士后的办法，办法规定要想来校从事教师工作，必须先进本校博士后流动站从事2年的博士后研究。山东大学鼓励优秀青年博士教师到名校、名牌专业、跟名师从事博士后研究。武汉大学等高校则实施了师资博士后的政策。

2.3.2.5 参加学术会议或学术沙龙

青年教师参加学术会议，特别是国际学术会议，能获取本学科最前沿

的研究动态和发展趋势，了解同行的研究思想和理念，促进与著名同行专家进行交流与合作。大连理工大学鼓励青年教师参加国际会议，所有费用由学校支付，且用于此项活动的费用在逐年增加。随着学术沙龙在我国兴起，一些学校由院士、学术带头人发起，定期组织学术沙龙，为青年教师的学术成长给予帮助，也激励青年教师进行思想创新，促进青年教师的专业发展。

2.3.2.6 设立青年教师培养基金或奖励基金

为了使青年教师能尽快成长为教学、科研一线的主力军，很多高等学校采取了支持措施。南京农业大学设立青年科研基金，为青年科研人员的科研工作提供启动经费。华中科技大学计算机学院支持青年教师申报国家自然科学基金项目，对获得国家自然科学基金项目的教师予以奖励，包括研究经费和奖金。

2.3.3 组织发展

2.3.3.1 构建教师创新团队

高校教师创新团队是以学术问题为纽带，围绕国家重大应用基础研究和预先研究、重大工程项目以及重点学科、专业、课程而组建的一种紧密型的教师基层学术组织。它的目标就是重点培养各类拔尖人才，力争取得重大标志性成果，实现高等学校和国家科技创新的跨越式发展。

2.3.3.2 建立人才特区

人才特区是近几年国内少数高校参照国外高校和研究机构建立的学术机构，特区政策包括资金投入和运行机制两方面：一方面给予充裕的资金支持，并提供优厚的生活待遇；另一方面给予人才完全独立的人事权和经费使用权。

2.3.4 教学发展

2.3.4.1 高等教育理论知识培训

目前很多高等学校的新教师都是非师范院校的毕业生，他们在教育理论方面的知识相对欠缺，因此有必要在上岗前系统地接受高等教育理论知识的培训。我国高校青年教师岗前培训已把高等教育理论知识学习作为必修课程，只有通过相关课程考试后才能获得高校教师资格证书。

2.3.4.2　组织系列教学方法的专题讲座

高校聘请专家、优秀教师向青年教师传授教学方法，包括如何书写教案、如何备课、如何讲课、如何板书、如何制作多媒体课件、如何调动学生的积极性、如何应对学生的问题、如何应对课堂突发事故等，这些可以提高青年教师的教学水平和课堂管理能力。

2.3.4.3　组织教学观摩

组织观摩教学活动可以通过具体的实际课堂教学来教育新教师如何开展课堂教学。教学观摩可以采取集中观摩研讨与分散听课相结合的方式。中国地质大学（武汉）把教学观摩作为岗前培训的三个重要环节之一。学校特聘请在各专业上颇有学术成就的教学名师为新教师讲授教学示范课，专业涉及英语、数学、地质学、工程力学、法律等。

2.3.4.4　开展青年教师讲课比赛

通过讲课比赛可以大大激发青年教师改进教学方法、增强教学能力、提高教学质量。华中科技大学自 1994 年起就在全校范围内开展了青年教师讲课比赛，这一活动激励了青年教师上好课、过好教学关，同时积极参与开展教学研究，通过多年的沉淀，全校的教学质量得到了很大的提高。

2.3.4.5　设立教学研究或教学改革项目

很多高校设立教学研究或教学改革项目，给予一定的经费资助，这些项目有以教学方法手段创新为目的，也有以课程体系改革研究为目的，还有一些是支持教师出版教材的，这些项目的设立促进了教师提高教学水平。

3 民办高校教师发展模型构建

3.1 民办高校教师队伍现状

3.1.1 民办高校教师队伍的构成及特征分析

我国民办高校专职教师队伍主要由以下三部分构成：一是从国家普通高校招聘的硕士及以上研究生进入学校担任专职教师。由于受传统观念和市场经济发展的影响，一些青年教师缺乏对民办教育的价值认知，部分教师缺少高等教育学、心理学等必备知识的储备，一有机会就会去考博、考公务员或到公办高校工作，造成民办高校师资队伍不稳定。二是退休教授。他们"二次择业"后，因没有教学和科研的直接压力，加之受传统教育教学模式影响，对新时代高等教育发展新形势和学科专业前沿新知识的吸收、转化较慢，在工作理念、效率和工作质量等方面创新度、效度和力度不够。三是从社会和其他高校聘请的中青年骨干教师担任兼职教师。这部分教师既要承担原单位教学科研考核，又要完成受聘单位的教学任务，难以兼顾。应该说，民办高校教师队伍普遍存在的问题是数量不充足、结构不合理、人员不稳定、培养有缺失、质量有差距①。

3.1.2 民办高校师资队伍建设面临的主要问题

民办高校教师队伍中普遍存在的安全感较差、归属感不强、成就感较

---

① 刘亮军.教师队伍是当前民办高校优质发展的瓶颈［N］.人民政协报，2018-08-19.

弱、幸福感不足，从而导致教师流动性大、稳定性弱、结构性差，主要问题表现在以下三个方面。

3.1.2.1 法律身份和社会地位

在 2018 年修订的《中华人民共和国民办教育促进法》出台之前，民办高校传统的生源质量、社会地位和社会评价等因素，增加了高层次人才引进、骨干教师能力提升、"双师"素质教师培养的难度，导致教师队伍的学历结构、职称结构、学缘结构、双师结构等结构性、发展性矛盾凸显。同时，与公办高校教师相比，由于法律身份不平等，一些民办高校教师始终感觉和公办高校教师的社会地位差别较大，职业安全感较弱，归属感不强。

《国家中长期教育改革和发展规划纲要（2010—2020 年)》指出，各级政府要把发展民办教育作为重要工作职责，同时要清理并纠正对民办学校的各类歧视政策。在新时代，国家要从高等教育大国向高等教育强国转变，最重要的问题就是高等教育质量问题，而建设高质量的教师队伍是高等教育质量建设的重要支撑。兴国必先强师，2018 年 1 月 31 日，《中共中央 国务院关于全面深化新时代教师队伍建设改革的意见》指出，要维护民办学校教师权益，为新时代民办高校加强教师队伍建设指明了方向。

3.1.2.2 薪酬待遇与后顾之忧

由于经费来源不同，民办高校教师对薪酬待遇的关注度更高、公平感较弱。特别是在 2014 年实行社保改革以前，民办学校教师和公办学校教师参加社会保险实行"双轨制"，始终是困扰民办教育发展的"老大难"问题。民办高校教师特别关注退休后的待遇问题，也就是"后顾之忧"的问题。在过去的实践中，公办高校教师属事业编制，缴纳事业单位养老保险，民办高校教师则属于或等同于企业员工，购买的是企业社会保险，比公办高校教师缴费高且退休后领取工资差别很大。虽然 2018 年修订的《中华人民共和国民办教育促进法》明确提出新规定，"国家鼓励民办学校按照规定为教职工办理补充养老保险"，并同时适用于非营利性和营利性民办学校，但是这不是一个强制性规定，同样造成了教师的恐慌与安全感的缺失。

3.1.2.3 专业发展与成长通道

除了社会保险和住房公积金等上缴额度与公办高校教师不一致，民办高校教师在户籍迁移、住房、子女就学等方面不能享受与当地同级同类公办学校教师同等待遇；现阶段管理层没有建立民办高校教师在公办学校和民办学校之间合理流动机制，民办高校教师在业务培训、职务聘任、教龄和工龄计算、表彰奖励、科研立项等方面还不能享有与公办学校教师同等权利，教师缺乏自信和职业幸福感。

与公办高校教师相比，民办高校教师在职称职务评聘、表彰奖励、申请科研项目、交流培训等方面，存在渠道不畅或者歧视的情况，从而导致专业发展空间严重受限，教师成就感较弱、幸福感不足。同时，由于很多民办高校的教师获得培训的机会较少，教师的专业知识和教学理念得不到及时更新，影响了民办高校教师的整体发展水平，在很大程度上限制了民办高校的发展。

3.2 民办高校教师管理现状调研（四川省）

3.2.1 调研实施

3.2.1.1 研究对象

本书以四川省民办高校专职教师为研究对象，通过在线发放、方便抽样及精准投放问卷的方式，共发放并回收 348 份问卷，有效率为 100%。参与调研的专职教师涉及文学、理学、工学、教育学、经济学、法学、艺术学、管理学 8 个学科，学校涉及四川省内 18 所应用型民办高校，包括四川传媒学院、西南财经大学天府学院、成都银杏酒店管理学院、成都理工大学工程技术学院、成都东软学院、四川大学锦江学院、成都锦城学院等。

3.2.1.2 问卷设计

（1）问卷设计依据

本次调研问卷设计基于大量文献研究，如冯娜的《民办高校青年教师职业吸引力的养成：以中国矿业大学银川学院为例》[①]、白文昊的《民办

---

① 冯娜. 民办高校青年教师职业吸引力的养成：以中国矿业大学银川学院为例 [J]. 文教资料，2018（18）：155-156.

高校教师职业吸引力的贫乏与提升》①、朱宪武的《民办高校人才吸引力研究》②、卢威和李廷洲的《走出体制吸纳的误区：增强非营利性民办高校教师职业吸引力的路径转换》③、周泳的《公立高等学校教师的工作压力和工作满意度关系研究》④、王博的《首都高校教师压力源与压力强度研究》⑤、刘琴的《TOP 学院教师工作满意度提升研究》⑥ 等。问卷内容的构成一方面结合了本书调查研究目的，另一方面结合了以上文献的定量研究方法和研究观点。

（2）问卷结构与维度

本次调研问卷主要包含样本画像、基于三力（吸引力、内驱力和激励力）的多个二级指标，具体如表3-1所示。

表 3-1　问卷设计指标

序号	一级指标	二级指标
1	样本画像	性别、年龄、学历、职称、教龄、学科、供职学校
2	吸引力	周工作量、组织实力、价值契合度、组织声誉、组织美誉度、社会认可度
3	内驱力	晋升通道满意度、绩效管理满意度、培训频率与培训效果关系、教师创新精神、胜任力、组织管理满意度、组织关系满意度、隐性离职分析
4	激励力	教师工作心理压力、岗位价值感与成就感、工作时间、工作效率、工作效果、薪酬福利满意度

同时本次调研问卷还设计了开放性问题，以对选择题未涵盖的部分进行信息的补充收集。

（3）评价方式

问卷在吸引力、内驱力、激励力三个一级指标的基础上，以单选题、

① 白文昊. 民办高校教师职业吸引力的贫乏与提升 [J]. 黑龙江高教研究，2018，36（10）：37-41.

② 朱宪武. 民办高校人才吸引力研究 [D]. 石家庄：石家庄铁道大学，2017.

③ 卢威，李廷洲. 走出体制吸纳的误区：增强非营利性民办高校教师职业吸引力的路径转换 [J]. 中国高教研究，2020（10）：62-68.

④ 周泳. 公立高等学校教师的工作压力和工作满意度关系研究 [D]. 广州：暨南大学，2009.

⑤ 王博. 首都高校教师压力源与压力强度研究 [D]. 北京：首都经济贸易大学，2007.

⑥ 刘琴. TOP 学院教师工作满意度提升研究 [D]. 成都：西南石油大学，2018.

多选题和简答题三种类型划分。单选题采取五档尺度，进行满意度评分，分为正性研究和负性研究。正性研究：5 分表示完全同意，4 分表示较同意，3 分表示不确定，2 分表示较不同意，1 分表示不同意。负性研究：1 分表示完全同意，2 分表示较同意，3 分表示不确定，4 分表示较不同意，5 分表示不同意。对于简答题、多选题的"其他"选项，笔者进行词频分析、交叉分析。

3.2.2　样本画像分析

表 3-2 反映出样本画像的数值特征。由各个变量的出现频率可以看出，分布基本满足抽样调查的要求。例如：女教师在调查中占比较高，达到 60%；31~40 岁的教师占比最高，为 51.3%；高校教师学位以硕士为主，占比达到 86.1%；教师职称以讲师和副教授为主，占比分别为 48.7% 和 40.0%；教龄分布最广泛的为 6~10 年和 11~15 年，占比分别为 32.2% 和 35.7%；调研涉及的学科主要为管理学和工学，占比分别为 46.1% 和 24.3%。

表 3-2　样本画像概况

项目	分类	有效占比/%
性别	男	40.0
	女	60.0
年龄	30 岁及以下	10.4
	31~40 岁	51.3
	41~50 岁	32.2
	51 岁及以上	6.1
学位	学士	8.7
	硕士	86.1
	博士	5.2
职称	助教	7.0
	讲师	48.7
	副教授	40.0
	教授	4.3

表3-2（续）

项目	分类	有效占比/%
教龄	5 年及以下	18.3
	6~10 年	32.2
	11~15 年	35.7
	16~20 年	11.3
	21 年及以上	2.6
学科	文学	10.4
	理学	2.6
	工学	24.3
	教育学	1.7
	经济学	7.0
	法学	0.9
	艺术学	7.0
	管理学	46.1
总计		100.0

3.2.2.1 教师性别中女性偏多

问卷调查了 348 个样本，样本选择根据应用型民办高校的性别结构现状，按照男女 4∶6 的比例进行主动选择。其中，女性教师占比为 60.34%，男性教师占比为 39.66%，如图 3-1 所示。

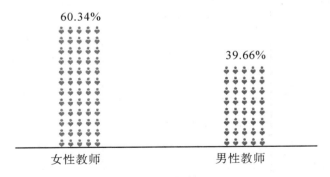

图 3-1　参与调研的教师性别比例

3.2.2.2 教师年龄以 31~40 岁为主

本次调研问卷的样本中，教师年龄构成主要集中在 31~40 岁，占比为 51.3%（见图 3-2），与目前应用型民办高校专职教师队伍的年龄结构高度吻合。

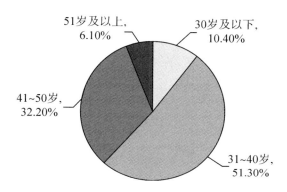

图 3-2 参与调研的教师年龄占比

3.2.2.3 教师学位以硕士为主

本次调研问卷的样本主要由获硕士学位的教师构成，占比为 86.21%，获博士学位的教师极少，仅占 5.17%（见图 3-3）。这与四川省内同类高校的教师学位水平情况基本吻合。教师学位水平在一定程度上能够反映出教师的教学水平。由本次调研问卷的结果可知，被调研高校在师资学位水平方面仍有很大的发展空间。

图 3-3 参与调研的教师学位占比

因此，应用型民办高校在师资队伍扩张上应注重对高学历人才的聘用，对于现存人才，学校可以鼓励和激励教师在学历或实践上积极进取。为了提升教师的教学水平和竞争力，学校应该有计划、有选择性地为现存教师做好职业发展规划，从多层面提升教师的综合能力。

3.2.2.4 教师职称以讲师、副教授为主

从本次调研问卷的结果可以看出（见图3-4），讲师占比最大，为48.28%，教授占比最小，仅有4.3%。其中，讲师为硕士的占了91.07%，副教授为硕士的占了91.49%。副教授的年龄皆为31岁以上，41～50岁者占据了53.19%，31～40岁者占比42.55%，51岁以上者仅占4.26%；教授的年龄皆为41岁以上，51岁以上者占60%，41～50岁者占40%。数据结果显示，拥有副教授及以上职称的教师在总样本中，占比较大，且集中在年龄偏大的教师群体中。

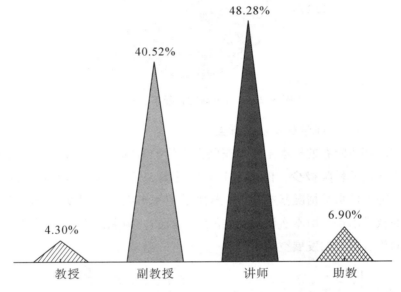

图3-4 参与调研的教师职称占比

因此，如何通过高效的管理方式、有效的激励制度，在促进教师发展和提升教师招聘质量的前提下，合理增加教师职称的评定路径，适当提升职称评定门槛，以多途径、合理门槛的职称评定环境来激励教师的个人发展，对提升应用型民办高校教师竞争力具有很强的现实意义与战略意义。

3.2.2.5 教师整体教龄偏年轻化

根据本次调研问卷的结果，教龄为10年及少于10年的教师占了50%，其中31～40岁的中年教师占了83.33%；11～15年教龄的教师占据教师队伍的35.34%（见图3-5），其中，31～40岁的教师占了30%，41～50岁的

教师占了 62.16%。整体上来说，应用型民办高校样本的师资队伍年龄及教龄结构偏年轻化。

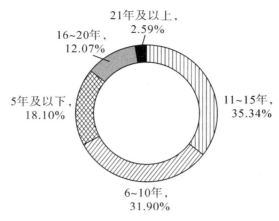

图 3-5　参与调研的教师教龄占比

3.2.2.6　样本学科以管理学为主

样本学科共涉及 8 大学科（见图 3-6），涉及范围较广。因为本次调研主体具有管理学学科背景，所以在实证调查过程中采取方便抽样的方式，管理学科占比较高，样本量比例不够均衡，但在其余变量中尽可能使样本涉及全面，基本满足本书的调研要求，数据仍具有说服力和参考价值。

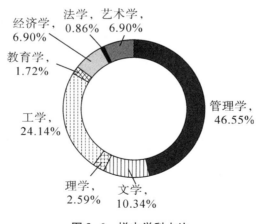

图 3-6　样本学科占比

3.2.3 问卷数据分析

3.2.3.1 信度、效度分析

（1）信度分析

根据总体信度系数可以看出，标准化后的克隆巴赫系数为 0.874（见表 3-3），系数区间为 0~1，越接近 1 信度越好。由此可知，本次调研问卷单选题的总体信度较好，结论具有参考价值和实践意义。

表 3-3　总体信度系数

克隆巴赫 Alpha	基于标准化项的克隆巴赫 Alpha	项数
0.873	0.874	13

（2）效度分析

由探索性因子分析的结果可以看出，KMO 检验的系数结果为 0.845（见表 3-4）。KMO 系数取值为 0~1，越接近 1 问卷效度越好。由球形检验的显著性也可以看出，本次检验的显著性无限接近于 0。由此可看出，本次调研问卷单选题具有良好的效度，结论具有参考价值和实践意义。

表 3-4　总体效度系数

KMO 和巴特利特检验		
KMO 取样适切性量数		0.845
巴特利特球形度检验	近似卡方	737.875
	自由度	66
	显著性	0.000

3.2.3.2 吸引力问题分析

（1）整体周课时量偏大

根据本次调研问卷反馈的结果来看，每周有 13 课时以上教学任务的教师占了 60.34%，有 7~12 课时的教师占了 37.93%（见图 3-7）。此外，每周授课 13 课时以上的教师中，61.43% 的人感到工作心理压力大。由此可

知，参与调研的应用型民办高校专职教师的每周授课任务较重。学校应该把教师的工作任务与个人发展有机结合起来，从结构上调整教师工作量，让教师有更多的机会参加职业培训、产教结合。"长板原理"不只适用于学生，在教学上更适用于专职教师，让教师发挥个人所长去教授学生专项知识，在保证教师正常教学质量的同时，也提升了教师工作效率。这样不仅能够按时完成学校的教学任务，而且能为教师营造良好的工作心理环境，使长板更长，效率更高。

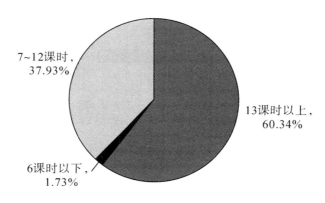

图 3-7　参与调研教师每周课时占比

（2）教师入职时看重的因素

由问卷的统计结果可发现，教师在入职应用型民办高校时，最看重的是学校的薪酬福利、学校声誉和知名度，其次看重的是教师的职业发展通道、工作环境和工作自主权（见图 3-8）。由此可以看出，在应用型民办高校人才吸引上，学校给出的薪酬福利待遇和组织声誉、知名度是吸引人才的第一途径；教师职业发展机会、工作环境等也会成为教师选择入职应用型民办高校的考虑因素。

因此，在学校建设方面应该注重学校薪酬体系的建设，一个合理的薪酬体系可以有效地激发教师的工作效率和工作激情。除此以外，学校建设良好的社会口碑、打响学校品牌也有助于提升教师的职业荣誉感，教师更愿意对外高度评价本校。

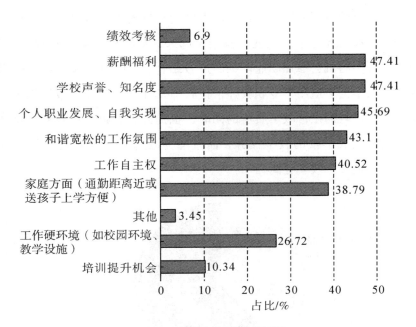

图 3-8　教师入职看重的因素

（3）教师对学校认可的主要因素

由图 3-9 可以看出，教师对学校的认可程度，排名前两位的要素是学校声誉、知名度和工作硬环境，学校的薪酬福利、绩效考核、培训提升机会等是本校教师认同的其他方面。因此，学校应完善教师薪酬福利结构和绩效考核体系，在保证基本社保、薪资的前提下，设置具有激励性的绩效考核指标，最大限度地调动教师的工作积极性。

（4）教师与学校价值契合度高

由图 3-10 可以看出，样本应用型民办高校中仅约 15% 的教师表示个人与学校的价值观其契合度不高。由此可知，在学校价值观构建上，应用型民办高校的核心价值观与社会主流价值观相统一、学校价值观与教师个人价值观相统一。

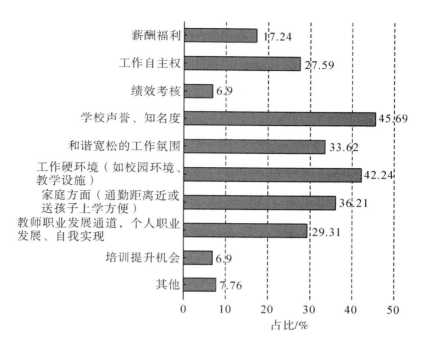

图 3-9　教师对学校认可的因素

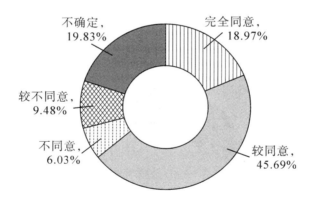

图 3-10　教师与学校价值契合度高的调研结果

（5）教师对组织美誉度与社会认可度高

如图 3-11 所示，近 80％的教师对本校的社会认可度较高，且愿意对外宣传和高度评价本校。由此可知，学校美誉度的构建对应用型民办高校人才吸引力的提升具有一定战略意义和实际意义。

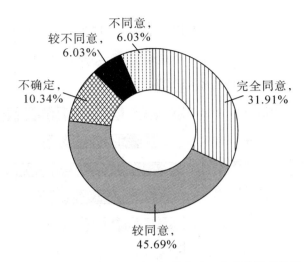

图 3-11　教师对组织美誉度与社会认可度高的调研结果

3.2.3.3　内驱力问题分析

（1）教师对晋升通道满意度高

本次调研问卷结果显示，样本应用型民办高校中 57.76% 的教师对晋升通道满意度高或较高，认为本校的晋升通道相对公平、合理、畅通（见图 3-12）。

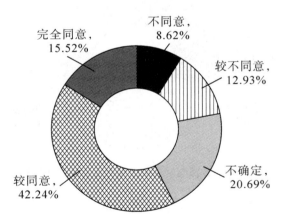

图 3-12　教师对晋升通道满意度高的调研结果

从图 3-13 可以看出，"学校没有设计合理的职业生涯规划""晋升条件严格""晋升通道单一"的占比分别为 66.33%、63.27%、62.24%，教师普遍认为这三类问题在应用型民办高校的晋升通道中最为突出。这也从侧面反映出教师对自身职业生涯规划和教师个人发展的重视程度。除此之外，有部分教师反映，学校晋升考核科研重视程度与授课强度相冲突。

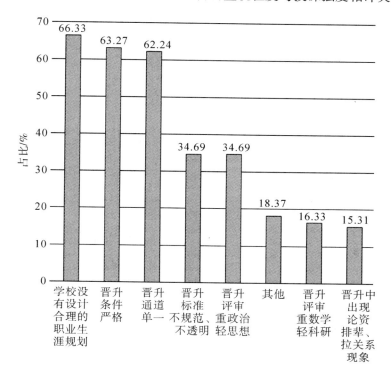

图 3-13　教师晋升方面存在的问题

只有优秀的教师才能教出优秀的学生。因此，学校应根据每位教师的个人特质与其学科特点，为其设定一个合理且具有挑战性的职业生涯规划，并定期调整发展计划，更新阶段目标，最大限度地激励教师向既定目标发展。除此之外，学校还应适当放开晋升条件和名额，拓宽晋升通道，以多样化的晋升指标来促进教师实现职业理想。

（2）教师对绩效管理满意度不高

从本次调研问卷的结果可以看出（见图3-14），对绩效管理较为满意的教师占比约为30%。从图3-15可以看出，"考核指标过多"最为突出，复选率高达80%；其次，"没有根据各学院、专业的性质具体设置考核方式"复选率高至71.43%。也有教师反映，学校的"工分制"强度过大，远高于同层次、同领域高校的要求，长此以往不利于教师的身心健康和学校的长远发展，考核指标过于死板，教师时常在不擅长的领域为达到绩效指标而浪费宝贵的教学时间和精力，未能很好地发挥教师"长板效应"。

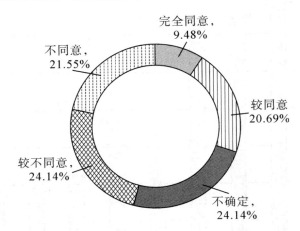

图 3-14 教师对绩效管理满意度高的调研结果

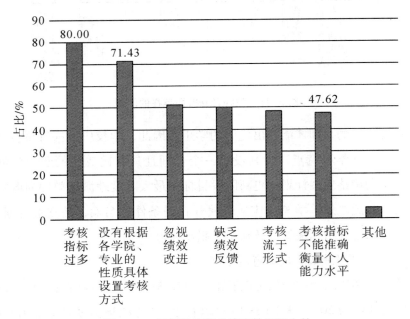

图 3-15 教师认为绩效管理的不足之处

因此，学校在完善绩效考核体系时，要注重考核指标多样化；与教师实际工作内容的情况相符合；注重具体问题具体分析，根据不同学院、不同专业的教师设定具体可操作的考核方式；同样要保证信息反馈渠道的畅通，以便在考核体系不符合当下实际情况时能及时调整。

（3）专职教师开创精神高

从图 3-16 可以看出仅有 3% 的教师认为自己在工作中缺乏开创精神，有 6% 的人认为自己不大具有开创精神。总体上来说，大多数样本应用型民办高校的教师认为自己在实际工作中具有创新精神，这可推断出学校实际教师队伍的工作活力较高，愿意尝试新的教学方式、开展新的教学课程等。

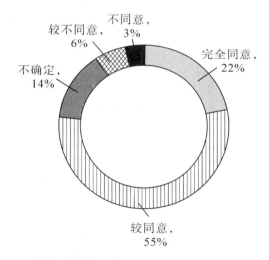

图 3-16 教师认为自己在工作中具有开创精神的调研结果

学校要尽可能保持教师的这份活力，给予这份活力健康的土壤，"简政放权"，扩大二级学院的管理灵活性，保证其能够充分地自主管理，同时增加教师的工作自由度，充分发挥出应用型民办高校的创新创业特点。

（4）教师对学校教学安排、组织管理基本满意

从本次调研问卷的结果可以看出（见图 3-17），教师对学校教学安排及管理方式完全同意的人占了 13.79%，较同意的人占了 41.38%，仍有近半数的教师对学校的教学管理安排不尽满意。对学校教学安排及管理方式不尽满意的情形有：认为管理模式形式主义倾向明显占比 50%；认为行政

会议繁多，参与方式单一，未能实现线上线下结合占比46%；认为行政后勤服务效率低占比44%；认为缺乏意见反馈渠道或反馈渠道阻塞占比39%；认为管理程序不够规范，存在管理推脱现象占比35%（见图3-18）。有部分教师反映专业课课时被压缩，影响教学效果，学校管理部门缺乏服务意识，学校没有根据授课班级的学生数量来安排教学工作量，导致不同课程、教师的工作量差异大。

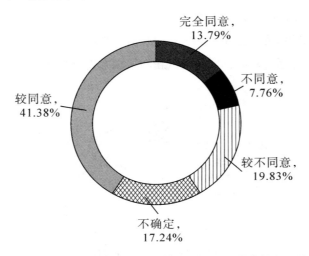

图3-17 教师对学校教学安排及管理方式感到满意的调研结果

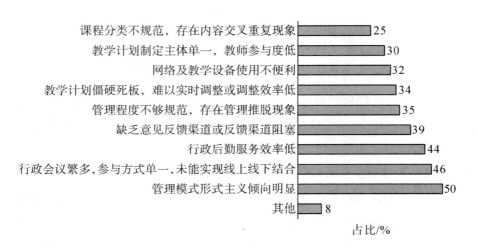

图3-18 学校的教学安排及管理方式的不足或值得改进的地方

因此，学校在保证基本教学设备后勤的高效运转和及时响应的前提下，在设计教学安排的时候要充分听取教师的意见，扩大教学安排决策群体，畅通反馈渠道，以便能够根据实际需要，及时调整教学安排以科学合理的方式来安排课程工作量，从而明确学校管理部门的初心和定位。

（5）组织关系满意度高

由图 3-19 的数据可知，认为与学校领导、同事、学生之间的关系较为融洽的教师占了 90%，对此不认同的教师仅占了 1%。由此可见，样本应用型民办高校的组织关系氛围较为和谐融洽。

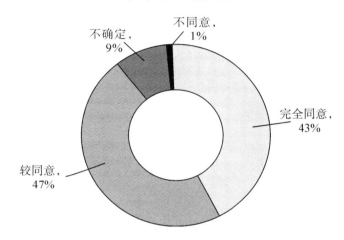

图 3-19　教师与学校领导、同事、学生关系融洽的调研结果

（6）隐性离职现象较为明显

本次调研问卷的结果显示，有 41.38% 的教师表示自己有或曾经有过离职或转职的想法（见图 3-20）。原因最为突出的是学校薪酬水平未达到个人预期，占比 64.58%，认为养老保险等福利政策欠佳的教师比例占到 52.08%，最高复选率的选项皆是与薪酬福利保障相关的；认为劳动强度过高、工作幸福感、成就感不高的教师占比 45.83%，位居第三；有 35.42% 的教师认为绩效考核过于死板、考核流程冗杂；有 29.17% 的教师认为学校管理死板、约束多、工作自由度低；有 25% 的教师认为应用型民办高校职业稳定性低、缺乏安全感；有 22.92% 的教师认为应用型民办高校无编制、社会地位低、职业认同感弱；有 20.83% 的教师认为学校缺乏科研氛围和学术氛围（见图 3-21）。

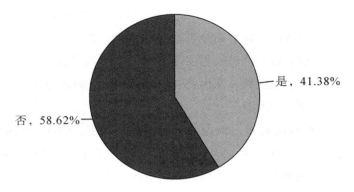

否，58.62%   是，41.38%

图 3-20 教师有或有过离职、转职的想法的调研结果

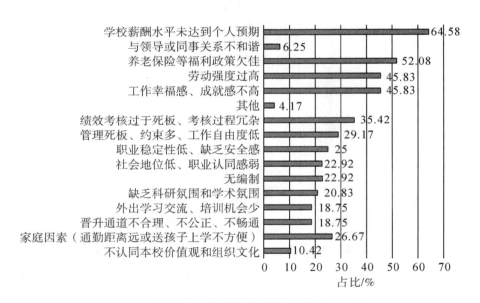

图 3-21 考虑离职或转职的原因

　　结果表明，样本应用型民办高校的教师离职倾向较为明显。学校体制和性质对此的影响比较大，学校应考虑如何通过优化管理方式、薪酬激励制度等来避免这一问题。例如：薪酬设计坚持"两个相适应"原则（工资水平与学校地位相适应、个人工资水平与个人所作贡献相适应），坚持 3E 薪酬均衡，保障教师基本的养老保险等福利；根据教师个人特质设置合理的工作岗位、工作方向，提高教师工作自主权；绩效考核指标的设定根据不同学院、不同专业、不同教师的"长板"来制定灵活多样化的考核指

标，且保持教师反馈渠道畅通，及时听取一线教师的意见，实时合理调整考核体系；学校应根据每位教师的个人特质，为其规划好职业发展规划，并定时跟踪调整发展计划，同时保持晋升通道畅通，以多途径、指标灵活的晋升机制来激励教师发展，等等。

3.2.3.4 激励力问题分析

（1）教师工作心理压力大的现象较普遍

由本次调研问卷的结果可知，认为平时工作心理压力大的教师占比为53.45%。其中，完全同意的教师占了17.24%，较同意的教师占了36.21%；不认为自己工作心理压力大的教师有17.24%（见图3-22）。由此样本可知，样本学校教师工作心理压力大的现象比较普遍。

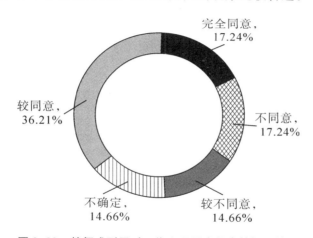

图3-22 教师感到平时工作心理压力很大的调研结果

通过对样本的深入了解可知（见图3-23），教师平时工作压力大的压力来源如下：73.96%的教师认为工作压力的来源是隐性工作时间长，休息时间短；53.13%的教师认为考核评价体系与薪酬设计不合理，没有起到激励作用；52.08%的教师认为授课任务重，备课时间长，工作量大；46.88%的教师认为社会地位明显低于公办院校教师；35.42%的教师认为经济收入少，内外部公平感弱；29.17%的教师认为职称评定难度大，晋升机会少；19.79%的教师认为工作重复频率高，缺乏挑战性，出现职业倦怠现象等。

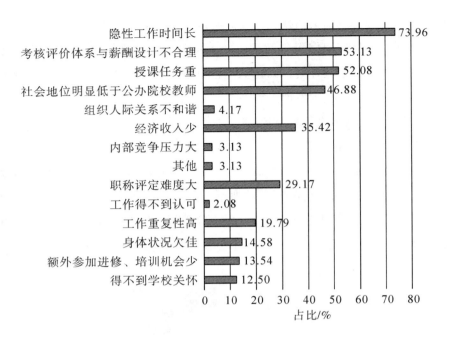

图 3-23　教师工作压力大的来源

就样本数据而言，民办高校教师的压力来源除个人原因外，主要与学校管理方式、考核制度、教学安排有关。

（2）整体教师工作满意度、成就感高

从本次调研问卷的结果来看，不认为自己工作有意义、有成就感、工作满意度高的教师仅占 7.76%（见图 3-24）。通过深入探究，发现认为"学生对我的工作评价高"的教师占了 65.42%，认为"与同事、领导、学生的关系融洽"的教师占了 61.68%，认为自己"教师职业信念强"的教师占了 57.94%（见图 3-25）。分析教师认为本岗位最具价值感与成就感的因素占比最高的前三项可知，被调研的民办高校教师更注重"自我价值实现"，教师真正关心的是学生和教学。

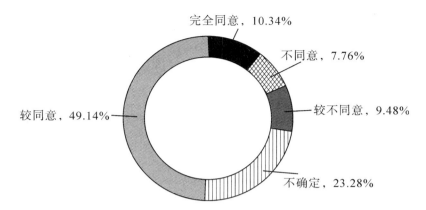

完全同意，10.34%
不同意，7.76%
较不同意，9.48%
较同意，49.14%
不确定，23.28%

图 3-24　教师感到工作很有意义、很有成就感、工作满意度高的调研结果

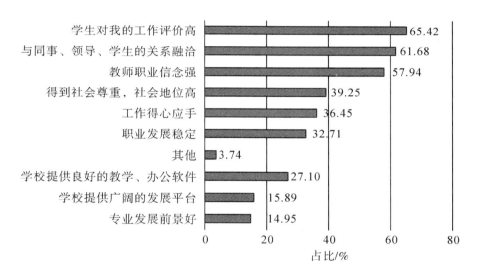

学生对我的工作评价高　　65.42
与同事、领导、学生的关系融洽　　61.68
教师职业信念强　　57.94
得到社会尊重，社会地位高　　39.25
工作得心应手　　36.45
职业发展稳定　　32.71
其他　3.74
学校提供良好的教学、办公软件　　27.10
学校提供广阔的发展平台　　15.89
专业发展前景好　　14.95

占比/%

图 3-25　教师认为在本岗位最有价值感与成就感的因素

（3）教师隐性工作时间长

由本次调研问卷的结果可以看出，对于经常超额工作、隐形工作时间长完全同意的人占了 17.24%，较同意的占了 36.21%，近半数的教师存在此类情况（见图 3-26）。

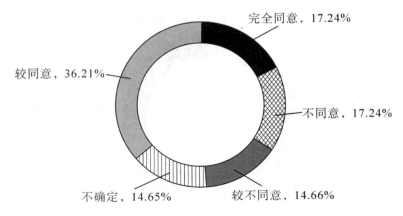

完全同意，17.24%

较同意，36.21%

不同意，17.24%

不确定，14.65%

较不同意，14.66%

图 3-26　教师经常超额工作、隐性工作时间长的调研结果

教师认为隐性工作时间长的原因有：工作任务重占了 82.65%，任务安排不科学占了 76.53%，工作权责分配不均占了 75.51%，对工作目标不清晰占了 45.92%，自身工作效率低占了 11.22%（见图 3-27），等等。除此以外，部分教师认为不合理指标考核占据了大部分时间，职称评定、绩效考核和教学管理时间冲突的矛盾明显。

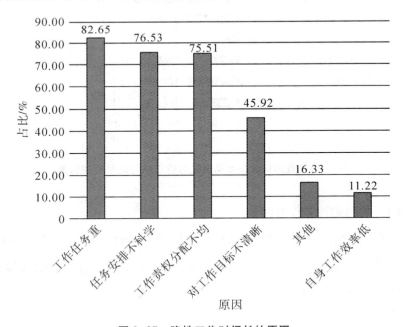

图 3-27　隐性工作时间长的原因

因此，学校应该对教师的工作做好合理规划，让专职教师可以集中精力从事教学和科研工作，减少除教学任务及必要工作以外的其他衍生工作，提高学校管理部门的工作效率，以减少教师的隐性工作时间，提升教师队伍的整体教学效率。

（4）薪酬满意度较低

①个体均衡。

通过本次调研问卷的结果可以看出，对于薪酬福利与自我付出、对学校的贡献及工作量相符完全同意的教师仅占了 5.17%，较同意的教师占了 18.97%，不确定的教师占了 31.9，还有近半数的教师对于此问题表示不同意（见图 3-28）。

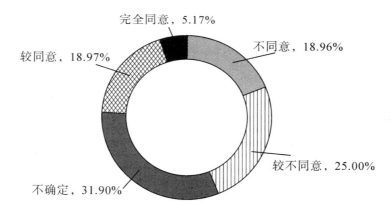

图 3-28　教师的薪酬福利与自我付出、对学校的贡献及工作量相符的调研结果

因此，学校应该关注的是让教师待遇切实得到保障，适当增加教师"非经济"报酬，为教师规划好个人职业发展规划，明晰教师未来发展方向，从而进一步激发教师的工作动力和职业荣誉感，增强获得感。

②内部均衡。

据本次调研问卷的结果可以看出（见图 3-29），教师在与他人相比时，对自己的薪酬福利满意度高完全同意的教师占比为 2.58%，较同意的教师占比为 34.48%，不确定的教师占比为 18.97%，较不同意的教师占比为 25%，不同意的教师占 18.97%，近半数的教师是不满意自己的薪酬福利的。

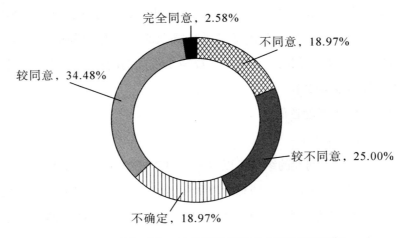

完全同意，2.58%

不同意，18.97%

较同意，34.48%

较不同意，25.00%

不确定，18.97%

图 3-29 教师对自己的薪酬福利满意度高的调研结果

因此，学校应该完善薪酬绩效考核制度，增强分配程序公平性，实现薪酬结构的多样性、灵活性，实现不同岗位、不同学院和专业的薪酬福利结构差异化，从而提高薪酬福利满意度。

③外部均衡。

从本次调研问卷的结果来看，认为自己的收入与社会地位相符完全同意的教师仅占了 3.45%，较同意的教师占了 23.28%，而不同意和较不同意的教师共占了 47.41%（见图 3-30）。由此可知，较大一部分参与调研的教师认为自己的收入与社会地位不相符。

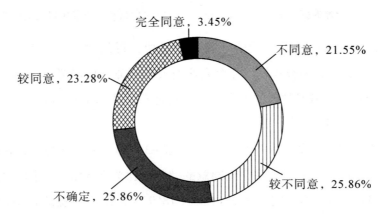

完全同意，3.45%

不同意，21.55%

较同意，23.28%

较不同意，25.86%

不确定，25.86%

图 3-30 教师的收入与社会地位相符的调研结果

因此，学校在设计教师薪酬体系时，要坚持"两个相适应"原则（工资水平与学校地位相适应、个人工资水平与个人所作贡献相适应），保证学校薪酬水平等同于或略高于同类型高校的薪酬水平，以及本校薪酬水平在同类院校之中占据较强竞争力的地位。

④教师对薪酬福利不满意的因素。

由上述样本数据可以得出，对于薪酬体系，无论是个体均衡、内部均衡还是外部均衡结果，不满意的教师均占多数。通过深究原因可知：认为基本工资水平低，福利制度不完善的教师占了65.22%；认为只有薪酬，没有激励，薪酬幅宽窄，看不到晋升空间的教师占了56.52%；认为内部公平性不够，主观上感到付出与所得不成正比的教师占了47.83%；认为薪酬外部竞争力弱，受到人际环境和社会环境的双重压力的教师占了43.48%；认为学校没有为教师设置奖励薪酬目标或人生价值目标，没能获得更高层次的激励的教师占了39.13%；认为个体公平性差，绩效考核未能体现出教师的实际工作表现，学校制定的激励评价制度不合理的教师占了30.43%；认为薪酬分配程序、方式有失公平的教师占了21.74%；认为学校缺乏规范化、定量化的考核体系，存在"吃大锅饭"的现象的教师仅占了17.39%（见图3-31）。

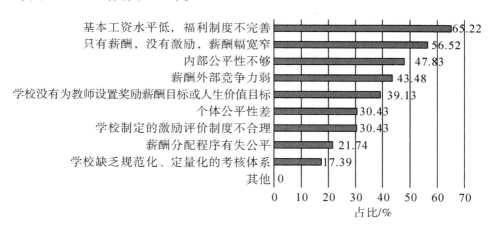

图3-31 教师对学校薪酬福利满意度不高的原因

综上，据问卷结果反馈，薪资水平低、薪酬激励作用弱等是薪酬失衡的主要原因，结论与上文分析的结果基本一致。因此，在学校经济性薪酬预算相对稳定的情况下，建议通过薪酬福利结构性调整，绩效考核针对性地对教师进行绩效改进，从内部、外部以及个人三个层面全面实现分配方式的公平性。

3.2.4 调研结论

3.2.4.1 学校管理的可取之处

本书根据调研对象所填写的简答题"您认为本校在教师管理方面可取的地方有哪些"答案的关键词进行提取和频率分析，并结合上述数据结果，得出样本民办高校教师对本校的管理认可因素如下：

"教师自由度高，课堂自主权高""采纳教师意见、有探索试错的机会""工作氛围好""管理规范、分类分层管理""领导对教师情况熟悉""鼓励青年教师发展、注重中青年教师的作用、鼓励教师创新""翻转课堂实行好""以提高教学质量为目标"等是本次调研对象对学校管理安排的认可之处。其中，"教师自由度高，课堂自主权高""采纳教师意见、有探索试错的机会""工作氛围好"三组关键词内容在教师评价中出现率最高。

由此可知，样本民办高校的工作氛围较好，同时教师对学校美誉度和社会认可度高、教师与学校价值契合度高、教师开创精神高、组织关系满意度高。

3.2.4.2 学校教师管理的主要问题及建议

本书根据调研对象所填写的简答题"对本校发展，您有何建议或意见"答案的关键词进行提取和频率分析，并结合上述数据结果，得出样本民办高校教师对本校的发展的建设性建议如下：

"提升教师薪酬福利水平""放宽绩效考核难度、规范考核难度、不要过分在意工分""注重科研投入""社保质量""提升教师幸福感""给教师减压""降低工作量""发展教师长板""晋升通道透明化""提高管理部门服务意识""提供培训和提升学历的机会""尊重一线教师""注重能力薪酬""给予教师工作自由度、弹性工作制""加强校企合作、产教融合"等关键词是本次调研对象对学校发展的建设性意见。其中，"提升教师薪酬福利水平""放宽绩效考核难度、规范考核难度、不要过分在意工分""注重科研投入"三组关键词在教师建议中出现频率最高。

由此可知，本次调研对象所反映的应用型民办高校问题主要集中在薪酬福利水平、绩效考核制度、科研与教学投入等方面，与上文教师对本学校的认可之处最低频率内容相对应。

综上，学校应该：着重在教师薪酬福利结构上下功夫；多听取一线教师的意见，及时调整绩效考核的具体方式，根据不同学院、不同专业的性质和不同教师的个人特质，结合教师的"长板"，综合因素再制定因人制宜的绩效考核制度；坚持"教书育人"的工作初心，从实际出发，注重在教学与科研方面的投入。

3.3 民办高校教师发展影响力模型构建

3.3.1 模型构建依据

从 20 世纪 70 年代开始，西方国家陆续提出了有关高校教师发展的新理念和新方法，开发出了一系列的教师发展项目，以促进教学质量的提高。在我国，对于高校教师发展的概念、内涵、发展方式等问题的理解尚待完善，帮助教师提高自身的活动也相对有限。

民办高校教师发展有自身的特点：从知识和能力结构来看，要与地方和行业发展实践紧密结合；从学术水平看，民办高校教师面向行业，善于解决实际问题，服务地方和行业发展的能力强；从教学水平看，理论联系实际，做到深厚的理论知识与实践能力的有机结合，在理论与实践的有机结合中保持持续的创新能力，适应应用型人才的培养。

民办高校教师发展是学校、院系围绕学校发展目标所制定的规章制度与教师的学术发展和个体职业发展共同作用的结果。本书构建民办高校教师发展影响力模型是站在学校管理的角度，构建依据主要有两个。

3.3.1.1 基于文献研究的理论支撑

通过文献检索发现，许多学者通过各种方式试图找寻提升民办高校教师竞争力的途径。在借鉴现有文献研究的基础上，本书认为应用型民办高校人才在发展方面的影响因素包括教师个人层面、集体教师层面、学校层面以及社会层面四个维度，具体如图 3-32 所示。

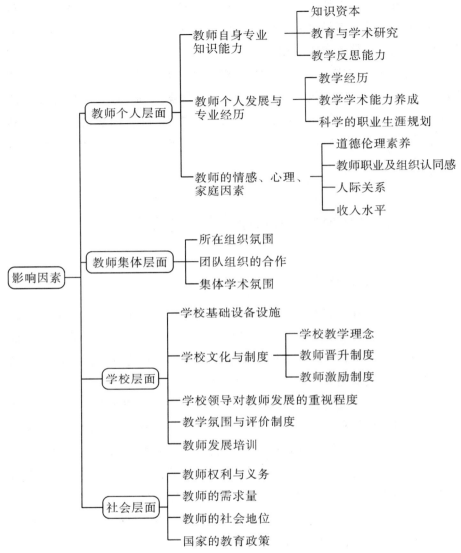

图 3-32　民办高校教师发展的影响因素

　　教师个人层面：可以从三个方面来看，首先是教师自身的专业知识能力，包括教师的知识资本、教师的教育与学术研究、教学的反思能力；其次是教师的个人发展与专业经历，包括教学经历、教学学术能力的养成、科学的职业生涯规划；最后是教师的情感、心理、家庭因素，包括教师的道德伦理素养、教师职业及组织认同感、人际关系、收入水平。

教师集体层面：主要是教师所在的组织氛围、团队组织的合作、集体学术氛围。

学校层面：学校的基础设备设施，如学校的教学科研设备的投入；学校的文化与制度，如学校的教学理念、教师晋升制度、教师激励制度；学校领导对教师发展的重视程度、教学氛围与评价制度、学校组织的教师发展培训。

社会层面：教师权利与义务、教师的需求量、教师的社会地位、国家的教育政策。

3.3.1.2 基于人力资源管理的理论支撑

教师是高校最重要的人力资源。现代人力资源管理的核心理论就是人才的"选、用、育、留"。本书将应用型民办高校的教师竞争力作为研究对象，尤其是高校专职教师的竞争力，探讨通过高校的人力资源管理手段和方法，对教师实现有效的选拔、任用、培育和留任（见图3-33）。

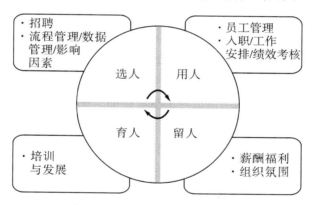

图3-33 人力资源管理的"选、用、育、留"

3.3.2 模型构建要素

本书将民办高校教师发展的影响因素分为吸引力、内驱力和激励力三个方面（见图3-34）。教师吸引的影响因素主要来自组织声誉和组织实力；组织对教师发展力的影响主要通过事业平台和培训支持来实现；实现学校教师竞争力的转化器则是由绩效考核与组织承诺支持的人才内驱力；最终实现教师保留的是由组织氛围与薪酬福利制度决定的人才激励力。这三种力量形成了人才"选、用、育、留"管理回路，相互作用，层层传递，协同发展，共同激发高校教师发展的良性循环。

民办高校发展是一个多元的系统，通过吸引力、内驱力、激励力可以为促进民办高校的教师发展指明方向。

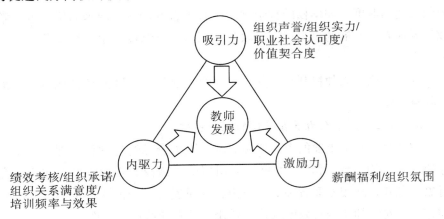

图 3-34　民办高校教师发展影响力模型

3.3.2.1　吸引力

高校人才吸引力指的是使教师在自己的岗位行使职业权利、履行职业义务，保证意愿及因从事本职业而产生的职业归属。高校的吸引力包括了组织声誉和组织实力，其中组织声誉指组织的过去行为结果和将来前景对其所有利益相关者的整体吸引力；组织实力是指组织自身的物质基础和技术力量，组织成员的文化层次、知识结构，组织的科研技术力量、工作环境、设备及组织成员的福利和待遇等。高校品牌资源、高校地域与物质资源、高校科研与教学水平、高校管理理念与模式、高校的社会服务能力都可以作为高校吸引力的一部分。

优质的师资力量是一所大学长远发展的基石。为了解在高校人才流动中什么样的工作环境更具吸引力，2017 年麦可思进行了中国高校工作吸引力研究［有效答卷共 5 861 份，其中"985"院校 690 份，"211"院校（非"985"院校）1 228 份，非"211"公办本科院校 1 752 份，民办本科院校 1 047 份，公办高职高专院校 974 份，民办高职院校 170 份］，请大学教师描绘他们心中的理想雇主。麦可思研究发现，83%的大学教师对目前任职高校感到满意。在大学教师眼中理想雇主需要具备哪些条件？数据显示，"满意的薪酬及福利"（66%）是参与填写问卷的大学教师眼中具有工作吸引力的大学最需具备的条件，其后依次为"个人的学术/职业发展能够得到有力支持"（61%）、"晋升、排课、评优等各方面管理制度公正、透明"（53%）。如果在工作条件相同的情况下，住房优待和子女教育是对大学教师最具吸引力的福利待遇①。

调查数据显示，8%的大学教师未来三年很可能离职。大学教师离职并不一定是离开教师岗位，也有可能是选择其他高校作为更好的发展平台。具体来看，在极有可能离职的教师中，选择离职的主要原因是"个人发展空间不够"（56%），其后依次为"对学校管理制度和文化不适应"（44%）、"工作要求高、压力大"（41%）、"薪资福利偏低"（40%），还有29%的教师明确表示已经收到了其他高校提供的更好的就业机会，25%的教师表示离职是"想改变职业或行业"。

一支好的教师队伍是民办高校整合资源并确保管理过程顺畅和高效运转的核心与关键，应用型民办高校核心竞争力的大小，更加依赖于师资的数量、质量和结构。应用型民办高校需要把握人才进出第一关，吸引选拔一批"合适的教师"尤为重要。

3.3.2.2 内驱力

内驱力是在需要的基础上产生的一种内部唤醒状态或紧张状态，表现为推动有机体活动以达到满足需要的内部动力。

美国认知教育心理学家奥苏贝尔提出，学校情境中的成就动机包括认知内驱力、自我提高内驱力和附属内驱力三个方面的内容。将该理论应用于高校教师身上，主要有以下特点（见表3-5）：

表3-5　奥苏贝尔内驱力理论在教师管理方面的应用

类别	概念	本质	主要特征
认知内驱力	要求了解和理解周围事物的需要，要求掌握知识的需要，以及系统地阐述问题和解决问题的需要	为了知识学习	教师是否有明确的专业（教学、科研和社会服务）发展规划、对学科专业发展有发自内心的热爱兴趣、将学科专业发展动态引入教学科研中

① 麦可思. 中国高校工作吸引力研究［R］. 成都：麦可思数据（北京）有限公司，2017.

表3-5（续）

类别	概念	本质	主要特征
自我提高内驱力	个体因自己的胜任能力或工作能力而赢得相应地位的需要；把成就作为赢得地位与自尊心的根源，是一种外部动机	为了地位学习	教师希望通过努力获得职务或职称晋升、有机会参与学校管理工作、通过努力能主持或参加大型的科研项目等
附属内驱力	为了保持长者们（如教师、家长）或集体的赞许或认可，表现出要把工作做好的一种需要	为了表扬	注重学生和家长的尊重、得到同伴的赞许和认可、希望获得较高的社会声望等

关注教师职业成长、激发职业成长内驱力能够有效提高教师队伍整体水平。高校管理者应该努力激发教师内驱力，在学校管理中赋予教师工作使命、价值和意义，激发认同感和使命感；构建宽松和谐的成长交流机制、舒适和谐公平的工作环境及氛围、有效的考核机制、建立尊重信任的精神激励机制、提供更多的个人发展机会及培训深造等学习机会，可以加快教师职业成长步伐，推动教师发展。

3.3.2.3 激励力

激励力是指为实现组织发展战略和目标，采用科学的方法，通过对教师个人或群体的行为表现、劳动态度和工作业绩以及综合素质的全面检测考核、分析和评价，充分调动教师的积极性、主动性和创造性的活动过程。薪酬福利在结构上是一种激励制度，是提升教师满意度的关键因素之一。组织氛围是教师的内在认知和组织气氛对教师一些事件、活动和程序以及那些可能会受到奖励、支持和期望的行为影响。应用型民办院校可以通过营造良好的组织氛围，制定满意的薪酬福利标准来激发教师的活力，促进教师的发展，增强教师的工作热情，使教师未来的发展道路更加清晰广阔。

4 民办高校教师发展"吸引力"提升路径与管理创新

4.1 基于"价值观契合模型"的民办高校教师发展"吸引力"策略

4.1.1 价值观契合模型研究现状

价值观契合模型是由四川大学商学院的朱青松和陈维政建立和提出的，该模型基于企业与员工关系角度来进行研究，将"价值观实现度"——价值观的体现、实现程度，作为测量员工价值观与组织价值观的契合衡量指标。

一个企业的员工，如果他（她）的价值观体现、实现程度高，同时组织价值观的体现、实现程度也高，那么，我们可以认为员工价值观与组织价值观契合度高；反之，员工、组织价值观契合度低。用"价值观实现度"来测量员工价值观与组织价值观的契合，避免了考虑员工价值观与组织价值观有多少相同性或相似性这个不易于衡量的问题，而着眼于员工价值观与组织价值观实现——这个双赢的互动发展结果，是员工价值观与组织价值观的动态契合。

在此基础上，以员工价值观实现度、组织价值观实现度两个维度作为组合，得到员工价值观与组织价值观契合的四种类型，即价值观契合模型，如表4-1所示[1]。

---

[1] 朱青松，陈维政. 员工价值观与组织价值观：契合衡量指标与契合模型 [J]. 中国工业经济，2005（5）：88-95.

表 4-1　价值观契合模型类型、特征及组织表现

类型	特征	组织表现
双高型契合	员工价值观实现度高，组织价值观实现度也高	组织价值观的实现有利于员工价值观的实现，员工与组织是和谐的合作关系。员工价值观与组织价值观为双高型契合时，员工满意度较高，组织效益和组织成长较好
双低型契合	员工价值观实现度低，组织价值观实现度也低	在组织价值理念上没有明确的组织主体价值观取向，员工把企业作为谋求生活的场所，缺乏组织承诺，没有组织归属感，很难谈得上员工个性发展与价值观实现
组织导向型	员工价值观实现度低，组织价值观实现度高	把最大利润作为价值目标，企业的全部管理活动都必须服从最大利润这个要求，企业管理方式是专制式的，管理者把员工看成是"经济人"
员工导向型	员工价值观实现度高，组织价值观实现度低	在组织价值理念上主要体现为把员工作为生存发展的主体，而不是把企业组织作为生存发展的主体，没有明确员工只是组织发展的载体，二者相互制约、共同发展

4.1.2　民办高校人才契合模型

兴教必先强师，教师是学校发展的生命线。2018 年年初，《中共中央 国务院全面深化新时代教师队伍建设改革的意见》强调："通过深化改革，把管理体制改革与机制创新作为突破口，把提高教师地位待遇作为真招、实招，增强教师职业吸引力。"可见，提高教师地位，增强教师职业吸引力已成为我国教育事业改革的核心内容之一。

基于价值观契合模型的民办高校人才吸引力研究，就是将高校看成企业或组织，将教师看成员工来进行研究分析。因此，本书提出高校与教师价值观契合模型（见图 4-1）。

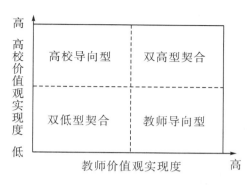

图 4-1　教师与高校价值观契合模型

4.1.2.1　高校导向型

高校导向型契合的高校通常在进行高校价值观体系构建时，注重本高校的价值观取向，以本学校目标的实现为着眼点，对校内教师实行高压管理政策。在这样的高校中，时时处处强调高校整体利益，要求教师个人利益服从组织利益，个人目标服从高校目标，特别强调教师的组织纪律性，教师个人价值观、个人目标实现程度较低。教师满意度较低但绩效较高；高校组织效益较好，但组织成长较差。

在高校导向型的高校组织中，所有的活动都必须服从高校利益最大化的要求。这样的高校管理模式是相对专制式的，将高校教师人才看作高校发展的"工具"，忽视了教师人才的个人价值的实现。在短时间内，此类高校的发展会取得一定的进步和成就，但高校内的教师人才会对高校丧失信心和归属感，长期如此，容易造成教师人才的大量流失和高校吸引力下降等问题。

4.1.2.2　教师导向型

在教师导向型的民办高校中，教师的实现度极高，但组织的实现度较低。未能实现在组织内，教师人才价值实现的同时，民办高校的价值同步正向实现。该类高校主要是将教师作为了生存发展的主体，而不是将高校作为生存发展的主体，没有明确界定教师人才队伍和高校组织的关系。教师人才是高校发展的重要载体之一，但并不意味着高校的发展要将教师作为主要生存发展的主体。在民办高校中，教师和学校的关系更应该是个体与整体的关系。教师个人价值的实现与发展和高校价值的实现与发展应该是相互制约、共同发展的。

4.1.2.3　双低型契合

双低型契合的高校，校内氛围松散，没有凝聚力。高校缺乏组织承诺，教师没有归属感，教师的个人培训规划发展较少，很难谈得上教师的个性发展与价值观实现。

在双低型契合学校中，教师没有清晰的个人价值实现目标，学校也没有明确的、落实的办学价值观和价值实现目标。教师工作积极性低，教师个人目标与价值观实现程度低，同时高校的组织目标、价值观的确立与实现也比较模糊，组织氛围松散，没有凝聚力。教师满意度较低，教师绩效较差，学校效益和学校成长较差。

4.1.2.4　双高型契合

教师、学校价值观的双高型契合就是要建立起教师价值观与高校价值观相互拉动实现与和谐统一的关系。高校发挥办学价值观的导向作用，即通过特定的价值观念调节和控制教师的情绪、兴趣、意志和态度，指导教师的活动，规范教师的行为，为教师提供追寻的意义，并激励教师为实现有意义的目标而不懈努力。

双高型契合的高校通常在进行高校价值观体系构建的过程中，注重兼顾教师的价值观、高校价值观双重取向，形成高校的价值观包容教师价值观、教师价值观包容高校价值观的相互融合性关系。在这样的高校中，教师价值观与高校价值观的实现是相辅相成的关系，当高校价值观与教师价值观为双高型契合时，教师满意度较高，高校的组织效益和组织成长较好。

4.1.3　民办高校教师发展吸引力对策

民办高校是民办教育的重要组成部分，教师是其发展的核心力量。在民办高校人才吸引力竞争中，教师人才建设更加重视学校价值观和个人的价值观的契合程度。本书调研数据显示，在"您认为您与学校的价值观契合度高"问题回答中，18.97%的教师选择了完全同意，45.69%的教师表示较同意，9.48%的教师选择了较不同意，6.03%的教师选择了不同意，说明大多数受访教师认同就职高校的价值观体系，这验证了价值契合是高校组织吸引力之一。

民办高校的教师为高级知识分子，在选择高校时，教师看重薪酬水平的同时也注重高校氛围与工作幸福感带来的自我价值实现。从本书调研的统计结果来看，"认为工作很有意义、很有成就感、工作满意度高"的教师占了 59.48%，因此，民办高校在教师个人精神层面的实现，使得民办高校在高校人才竞争中更加具有吸引力。

增强民办高校对教师人才吸引力，除优化民办高校的薪酬、绩效福利管理和人事管理之外，还应该注重利用民办高校"软实力"来提升吸引力。根据马斯洛的需要理论，结合民办高校的教师人才研究，教师的价值观实现是教师的深层次需要。教师加入高校，他们希望在参加组织工作活动过程中不仅满足薪酬、福利待遇等物质需要，而且满足价值观实现、精神层面上的需要，比如，教师在价值观方面追求的是从事崇高教育事业、公平正直、教书育人、兴趣、自豪感、享受人生等，那么他们就希望在加入组织后实现。

教师只有在岗位上体验到了自我价值的实现，才能在日常教学氛围中、师生互动环节中、科研工作中体验到心血的付出、愿望的实现、任务的完成、业界的认可、他人的赞赏、科研成果的进一步转化等所带来的愉悦感和成就感。重视教师的个性发展与价值追求，提高教师个人价值观在组织实现程度，避免教师只是把学校作为获取薪资报酬、福利待遇等物质需要的场所，很难有发自内心的组织归属感。

基于上述情况，针对四类高校与教师的价值观契合模型的类型，本书提出不同的吸引力提升措施，为民办高校增强教师吸引力提升提供借鉴。

4.1.3.1 针对高校导向型

针对高校导向型的学校，教师的管理应该在实现高校价值的同时，注重教师人才的个人价值实现。民办高校的管理层更要明确教师在民办高校中的重要作用和意义。管理层可定期开展"教师人才队伍建设讨论会"，注重了解和跟进教师的个人价值实现，并引导教师的个人价值与高校价值相契合，实现动态化的跟进管理，增强教师价值观的建设。

管理制度上，学校应动态更新相对应的管理制度，让教师队伍的管理制度充分为教师个人的价值实现和发展提供制度保障。学校也可适当增加二级学院的管理自主性，充分调动教师的直接管理者（各二级学院）的管理活力，协调好教师个人价值的实现和高校价值的实现的契合。

4.1.3.2　针对教师导向型

要增强教师队伍的价值观契合管理，改变教师主要关心个人利益和个人价值，不太关心高校组织的整体发展和高校价值的实现的现状，将教师的个人绩效和高校组织利益紧密联系，提高教师人才个人价值和高校价值的契合度。

4.1.3.3　针对双低型契合

其一，要先从高校着手，建立明确的高校组织价值观体系，对高校的发展有较为清晰的战略目标规划，并将高校发展目标与教师个人的发展相结合，提高教师个人与高校组织的黏性，提升教师人才的归属感，为高校吸引力的提升储备人才力量。同时，这也能帮助提高教师对学校的满意度，有利于打造民办高校的"学校品牌与学校口碑"，从侧面帮助民办高校对教师人才吸引力的提升。

其二，高校内的教师个人要塑造自身的价值观理念体系，力求在个人价值观实现的同时契合学校的价值观体系，提高自身工作积极性，实现教师个人和高校的价值观的契合，提高教师与高校的价值观契合度。

4.1.3.4　双高型契合

双高型契合是所有高校的目标及实现方向，尤其针对民办高校来说，早日实现或成为双高型契合的民办高校是更为有利的。其无论是对于高校组织还是对于高校内的教师队伍人才，都是有利的。这类高校通常在进行组织价值观体系构建的过程中，注重兼顾教师价值观、组织价值观双重取向。教师价值观与组织价值观为双高型契合时，教师满意度较高，组织效益和组织成长较好。

4.2 基于"大数据画像"的民办高校教师精准选拔与匹配

4.2.1 大数据画像分析现状

大数据画像分析是基于设计和数据驱动的研究方法,以数据为核心,开展全数据驱动的科学研究工作。大数据分析技术的发展为教师网络的精准评价提供了方法与指导。画像作为一种数据驱动的评价工具,将其应用于教师精准选拔研究可以推动教师选拔及评价结果趋向客观化、立体化、综合化和智能化,具有重要的研究和应用价值。

传统的大数据分析方式推动了人才筛选功能与服务的完善,但仍存在评价决策导向功能薄弱、评价过程局限偏颇、评价方式机械呆板和评价结果形式单一等问题。大数据分析技术的发展为民办高校教师人才的精准招聘与筛选提供了方法与指导。

画像的构建流程主要包括数据采集、数据预处理、画像模型构建、画像模型应用、精准决策与干预五个阶段。画像构建流程如图 4-2 所示。

图 4-2 画像构建流程

4.2.2 构建大数据教师画像分析步骤

大数据教师画像分析是运用大数据采集、处理、分析和挖掘等相关技术,对教师实施大数据画像,设计个性化、精准化的继续教育服务框架。教师画像即通过打通校园管理层面不同业务系统之间的数据孤岛,实现以教师为主体的数据挖掘,对教师个体及群体的人事信息、科研项目、学科成果及教学状况进行精准刻画,服务于高校人事、科研管理的数据支撑系统。它有三大优势:一是全面,建立各门类数据桥梁,主要掌握学校的人事、科研、教学现状;二是高效,打通数据流通渠道,实现信息聚合,提高数据汇总效率；三是前瞻，挖掘数据潜在价值，为管理者提供决策依据。其实施有三个步骤：

4.2.2.1 数据采集和分析

这是构建教师画像的前提。通过数据采集获取形成教师的基本数据，包括教师的姓名、性别、学历、专业、年龄、所教科目、教学评价等基本信息。获取数据的渠道是多方面的，包括教学平台中教师教学行为的图表图文，绑定的社交平台中教师的收藏评论等相关数据。经过数据处理技术将这些半结构化和非结构化数据转化为结构数据。

4.2.2.2 语义标签和画像挖掘

这是核心内容，该部分主要是提取个性化需求标签，通过关联的方法形成教师标签聚合体，由此建立立体的、精确的教师画像模型。

4.2.2.3 画像应用服务

教师画像可以应用在教师工作评估、教师成长轨迹分析、高质量人才引进建议、学科前沿研究方向探索等服务上，为解决高校人事管理工作两大核心问题"外引"和"内培"提供建设性意见，为传统的专家定性决策管理提供广泛的、深入的数据支持。

（1）教师工作绩效自动评估

通过整合人事、科研、财务、教学等多门类数据信息，采用教师经费效益、经费使用情况、成果影响力、成果转化、同行意见等多维度的评价因素，全方位呈现教师在科研和教学工作中的成绩，从而为教师的入职、晋升、聘任、培训和奖惩提供定量化的决策依据，避免了传统教师绩效评估受人为因素影响，使得评估的结果更加客观、准确。

（2）工作轨迹评估

传统的教师发展研究主要停留在经验层面，传统的教师信息系统只能看到单一的信息，而"教师画像"是利用大数据刻画教师，基于教师基础信息数据（包括学历经历、海外经历、工作经历、岗位聘任经历、科研项目、学科成果等），围绕教师职业素养、专业知识、专业能力、工作绩效等多方面构建教师成长轨迹，并分析影响教师发展的因素，从而制订个性化成长方案，如预测发表论文数量、能够入选人才计划、优秀青年教师等，寻求适合教师的个性化发展路线，引导教师可持续发展，实现教师个人与学校发展的"双赢"。

（3）学术圈层研究

收集学术、社交网络等多门类广泛的数据，如搜索每个文章的合作者、构建合作者网络、挖掘隐藏其中的人才关系，实现以人为中心的数据整合，构建各学科的学术圈层网络。利用该网络，一方面可以为校内教师寻找帮助自己提升的外部老师，另一方面可以挖掘有潜力的学术新星，帮助高校人事部门有针对性地熟悉人才有效信息，成功猎取高质量人才。

（4）科研热点

首先收集国内外论文数据库、专利申报及项目审批等科研热点数据信息，其次对过滤后的海量数据利用大数据算法进行挖掘分析，最后有效预测科研热点，并结合高校学科建设现状与特点，分析各学科前沿研究方向，为科研工作提供有力的科研数据支撑，为其选定符合自身学科特点的科研发展方向提供有效建议，帮助其有效定位自身科研工作努力方向及深度。

4.2.3　大数据教师画像分析维度

为了从多维度对教师进行精准画像，需要对教师的教研数据进行分类。综合考虑教师画像需求和数据的可及性，涵盖教师的人口统计学、内隐心理和外显行为等特征，本书提出了教师画像所需的五大类数据，具体如表4-2所示。

表4-2　教师教研数据的类别、描述及来源

数据分类	分类描述	主要的教研数据来源
教师特征数据	教师的基本信息、教育背景、工作经历、通信信息等个人信息	教师人事系统、教研管理系统等
教研心理数据	教师参与教研的心理状态，包括满意度、效能感、兴趣爱好及其变化趋势	问卷调查、访谈
社会交互数据	教师通过网络与同伴和资源进行交互的数据	教研社交网站、教研管理系统

表4-2（续）

数据分类	分类描述	主要的教研数据来源
教研行为数据	教师参与教研活动中产生的行为数据，如搜索、浏览、上传、下载等	教研管理系统、智能终端
教研成果数据	教师在教研中伴随式产出的成果性数据	检验管理系统

（1）教师特征数据包括教师的个人信息，能够唯一地表征某位教师，初步描摹教师画像的轮廓，此类数据结构较为简单，包含明确的属性和元素，可以通过教师人事系统或教研管理平台直接导入完成采集。

（2）教研心理数据是指反映教师参与教研过程的心理状态数据，如满意度、效能感等，由于这类数据具有较强的主观性，需要通过问卷调查或访谈等方法获取。

（3）社会交互数据映射出教师参与教研的内隐交互情况，侧重教师的网络交互，如交互同伴、交互主题、交互时间和交互频率等，此类数据可以判断和预测教师的兴趣和偏好。

（4）教研行为数据涵盖教师线上浏览、评论和下载教研资源、在线慕课、在线听评课等教研行为。发生在线下的教研行为，可以通过视频采集系统记录、标注和分析，来实现线下数据的数字化转换。

（5）教研成果数据是教师在教研过程中伴随式产出的数字化成果，如教学设计、教学案例、科研论文等，该类数据能够反映教师关注的学科主题和教研的阶段性成效。

五类数据相辅相成，构建出教师画像（见图4-3）。数据间的有效关联，使教师画像更丰富精准，数据并非仅有单一的使用维度和价值指向，不同数据之间的动态关联可产生不可估量的价值。要构建丰富精准的教师画像，需要在保证核心教研数据完整采集的基础上，尽可能多地有效关联其他对教师画像有价值的数据。如图4-3所示，从不同主体的视角看，与教师教研相关的还有教师的课程教学数据、学生学情大数据、学校公开教育数据以及区域教育大数据，组成了构建教师画像的外延数据。这些数据通过多维度和多层次关联，能够搭载不同的教研应用场景并发挥作用。

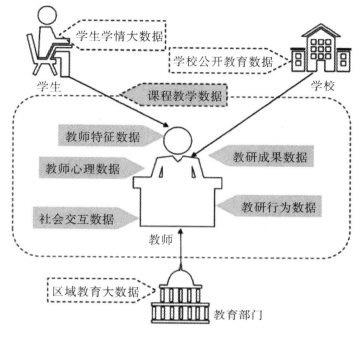

图 4-3　教育数据关联

4.2.4　大数据画像分析在教师精准选拔与匹配中的价值

4.2.4.1　提升高校内人力资源的管理效率

在高校人力资源管理过程中运用信息化管理技术，能够有效减少人工的操作环节。在这个大数据快速发展的时代背景下，高校人才管理人员可充分利用先进的软件做支撑，积极寻找应聘候选人，统一公布面试通知，并根据实际情况制订详细的考评报表。同时，通过对教师的绩效进行统计分析，并根据实际情况制订具有针对性的培训方案，可以有效地提升对人力资源的管理效率。

4.2.4.2　打造高素质教师队伍

在大数据时代下高校招募人才的过程中，应该适当提高准入门槛，采取精准的人才筛选方案以便能够为现代民办高校的发展节约较大的人才成本。

在大数据发展的时代背景下，通过"高校大数据画像分析"充分开发新型的人力资源管理软件，相关的管理人员可根据实际情况设定一些细化的人才招募条件，能够由以往被动等待应聘者投递简历逐步转变为主动挖掘高素质、高契合度、高黏性的教师人才，让相关的目标人才能够在线上进行沟通交流，从而为高校人才面试奠定坚实的基础。

4.2.4.3 对教师人才进行精准培养

高校对教师进行科学评估，并根据教师的实际情况制订长期的培养计划，需要大数据技术作支撑。传统的人才资源考评和培训工作具有粗放型的特点，对教师缺乏个性化的考虑，而利用大数据技术对教师的信息进行量化考评能够为高校广大教师的发展构建起完善的信息数据库，让高校人力资源管理工作更加高效。

4.2.4.4 提高教师自我实现率

结合大数据画像分析技术，进行精准的人才选拔匹配有利于提高民办高校教师的自我实现率，进而提高教师的工作幸福感和满足感，帮助教师进一步实现自我价值，促进学校的发展；有利于大幅度增加民办高校在教师人才队伍中的吸引力，充分利用教师在其个人的社交群体内的影响力，帮助民办高校传播口碑。

4.2.4.5 增强高校与教师黏性

借助大数据画像分析技术大幅度提高民办高校针对教师人才的招聘精准率，提高教师与民办高校的匹配率。教师在民办高校内开展教研、科研等活动时，实现"三高"教师行动力——高效率的活动过程、高度的参与率、高效的成果反馈，增强教师与民办高校的黏性，实现民办高校和教师的双发展。

4.2.5 基于大数据画像的民办高校教师队伍建设策略

在大数据的背景下，高校的师资队伍建设应该改变粗放式的管理模式，通过数据平台进行教师资源的汇集、应用和整理，从而实现高校对人事管理中的师资队伍进行科学合理的引进、任用和培养，具体应用策略如下：

4.2.5.1 创新师资队伍的选拔机制

大数据背景下高校人事管理中的师资队伍建设，首先要创新师资队伍的选拔机制。高校可以通过数据平台的技术支持对高校的教师资源进行全面性的选拔，避免了传统的局域性的人才挑选模式，在高校过往的教师选拔中，只能依靠仅有的简历和资料进行初步判断，在进行面试时通过面试者的形象谈吐和面试者的直觉进行决定，因此存在一定的误判概率。

但在构建的大数据网络的数据库中有着数以万计的教师信息，通过大数据技术可以将教师的资源进行汇总并进行资源的整合分析，并针对不同高校岗位需要与特征进行师资力量的预测和筛选，通过对网络上巨量的数据信息进行比对分析，从而得知高校现阶段需要的人才类型或特征，即人才与学校之间的关联性和价值性。

因此大数据的应用在一定程度上避免了对人才的误判和师资力量的损失浪费，实现了教师资源、高校建设、社会就业三方共赢局面。

4.2.5.2 完善师资队伍的服务机制

目前我国社会发展急需相应人才支撑，民办高校在现有办学环境中，更应提高高校自身的吸引力。学校在进行教师资源引进时和教师队伍建设时，不仅要在福利待遇、实验设备上进行完善，而且要大力发展教学的软条件。

高校在办学时应注重以人为本的办学理念和高质量的人才服务，这样才会对教师产生更强大的吸引力，使教师队伍更具凝聚力。学校不仅要重视师资队伍建设的需求，更要实质性地对这些需求和问题进行解决。首先，学校可以通过学校的公众交流平台等对教师的需求进行实时的了解，以便最快地改善师资队伍建设的思想状态和解决实际困难。其次，学校应充分利用学校图书馆借阅记录和校园网站的浏览记录进行数据的汇集和分析，从而了解不同教师的个人喜好和学术研究方向，以便为教师提供有针对性和个性化的服务。最后，学校可以对教师使用校园卡的时间和地点进行数据获取，从而分析教师对于服务方向的不同侧重点并为教师提供最需要、最优质的服务，以帮助教师实现教学质量的优化发展。因此，要实现大数据背景下高校人事管理中的师资队伍建设，应完善师资队伍的服务机制，通过大数据分析的各类功能，辅助增强民办高校的吸引力。

4.2.5.3 优化应用大数据进行师资团队建设的方案

通过优化大数据相应的数据处理机制达到最高效地对师资团队进行建

设的目的。首先，通过运用大数据技术，选取教师资源并进行筛选，选拔确定师资团队，以确保选举和组队的师资团队是最佳的团队模式，利用优化以后的大数据对教师资源进行筛选可以有效避免在进行教师选拔的过程当中所选取的教师资源存在滞后的缺点。其次，通过大数据计算出来的规律以及我们进行筛选的教师的数据简历等信息进行初步对比，来达到对教师进行严格筛选的目的。在当前这个时代当中，仅依靠简单面试对教师进行筛选可能会出现一些误判，这种情况会导致选拔的教师存在一定缺点，进而影响建设优秀的教师团队，应用大数据进行教师资源筛选可以有效避免这个问题①。

一批数量充足、结构合理的师资队伍可谓是民办高校可持续发展的第一资源。大数据画像分析在民办高校的人才精准选拔与匹配中，可以极大地提高教师招聘效率，并提高教师和学校需求岗位契合度，增进教师与学校的黏性，增强民办高校吸引力。

4.3 民办高校"柔性引才"策略研究

4.3.1 民办高校"柔性引才"的意义

柔性引才，是相对刚性引进人才而言，指在不改变人才国籍、户籍和身份，不改变人事关系的前提下，以咨询、讲学、短期岗位聘用、项目聘用、技术入股、联合攻关、人才租赁等引智方式，实现人才资源共享。通过以合同、聘期管理的方式将人事关系暂无法转入到高校工作的高层次人才引进到学校实际参与教学、科研和学科建设等工作。对柔性引进的高层次人才，实行目标责任合同管理的模式。同时，可针对新上专业或相关领域力量薄弱、高学历人才保有量较少、全职引进困难等现状，根据高校事

---

① 霍晓峰. 分析大数据下高校人事管理中的师资队伍建设策略 [J]. 当代教育实践与教学研究，2019（23）：24-25.

业发展需要，在相关学科，柔性引进高层次人才①。

百年大计，教育为本；教育大计，教师为本。民办高校由于自身体制原因，人才流动的情况严重和缺乏中高层人才力量。在外部日益激烈的人才竞争中，柔性引才对民办大学弥补人才缺乏和流失有极大的意义。实施柔性引才是民办高校的关键突破口。大规模引进高层人才资源需要大量的资金作为支撑，民办高校相对于公办大学来讲，资金来源渠道较为狭窄，而柔性引才的方式投入较低，同时产出较高的优点就很适用。"柔性引才"的核心理念是"不求所有、但求所用，不求所在、但求所为"。

例如，河北省民办高校在柔性引进人才工作上取得了一定成效。河北省民办高校近几年发展迅速，离不开人才队伍的建设，学校规模、经营模式、人才培养质量等方面都有了很大进步。"柔性引才"已然成为河北省民办高校高层次人才引进的一项重要方式，不仅极大程度地解决了高层次人才刚性引进的困难，也让学校自身得到了发展。

黄冈师范学院拥有100多年办学史，正在建设高水平综合性应用型大学。程晓敏成为黄冈师范学院聘任的首位没有事业单位编制的二级学院院长，只签聘用合同，也是该校引进的首位学术领军人才。黄冈师范学院在人才引进中突出业绩导向、淡化身份意识，对高层次人才，实行长聘、短聘、特聘、荣誉聘用和项目聘用相结合的多元化聘用制度。这意味着，以往的"编制"被"聘用合同"取代，不改变人才原单位人事关系。该校地处发展较低地区，横向比较待遇低，对高层次人才缺乏吸引力，"柔性引才"极大地解决了地方高校的人才困局。

4.3.2 民办高校"柔性引才"的策略

4.3.2.1 前置引才规划

民办高校，由于高层次人才缺乏，在引进人才时，可能会因追求数量而急于引进人才，之后却发现引进的人才与学校发展会产生矛盾，与学校的地位和目标不能很好地结合。民办高校在进行高层次的人才引进时要充

---

① 周艳丽，苗鹏洲，陈敬敬. 河北省民办高校高层次人才柔性引进对策研究［J］. 科技经济导刊，2020，28（13）：154-155.

分结合自己的实际情况，例如，学校的工作条件，设施设备科研平台，明确到底需要怎样的人才才能契合学校的发展。在有了明确目标的基础上，健全"柔性引才"制度，充分利用政策，拓宽引才渠道；通过网络招聘及学校院系本身教职工的人脉关系，鼓励职工推荐人才，以柔性引才，引进更多高层次人才[1]。

首先，要结合学校发展的实际需要，认真谋划，定目标、定重点、定措施、定政策。其次，要突出重点，大力引进和培养高层次人才，特别是学术大师级人才，从而组建校内学术创新团队，带动年轻教师快速成长。

4.3.2.2 引进人才与培养人才齐发展

民办高校在采取"柔性引才"时，要充分平衡校外引进的人才和校内原有师资的关系，为校内人才也建立起公平公正的竞争环境，搭建人才交流平台，把外引内培结合起来，激发人才的积极性、创新性，从而为学校的发展做出努力和贡献[2]。

既要引进人才，又要培养本校的教师人才队伍。提升本校教师人才培养的能力，培养一批本校的高素质教师人才队伍，提高高校管理能力，增强对教师人才的吸引力。

4.3.2.3 聚焦引才对象，瞄准紧缺高端人才

民办高校在"柔性引才"工作中，一是要全面撒网，要从国内外一流大学或科研机构寻觅合适人才加盟，以柔性引进带动刚性引进。二是要重点梳理校友资源。校友是学校的宝贵人才资源，各校要对高层次人才进行分类，建立高层次人才库，可以经常邀请他们回母校讲学，指导学科建设，担任特聘讲师、讲习教授和重点实验室（所）主任等职务，杰出人才对家乡有认同感和"家"的情怀更容易达到柔性引进的目的。

4.3.2.4 灵活设置岗位，创新引才方式

民办高校应根据"柔性引才"对象的不同情况，提供灵活多样的岗位供其选择。对于每年定期来校的高端领军人才，可聘为特聘教授；对于每年来校工作时间两个月左右的高层次人才，可聘为讲席教授；对于不确定

---

① 周艳丽，苗鹏洲，陈敬敬. 河北省民办高校高层次人才柔性引进对策研究 [J]. 科技经济导刊，2020，28（13）：154-155.

② 苏美淳. 新形势下民办高校高层人才引进工作的思考 [J]. 品味经典，2019（11）：80-82.

来校时间的高层次人才，可聘为兼职教授。此外，学校可制定特聘教授和讲席教授岗位设置与聘任管理办法，做到有据可依，为"柔性引才"提供制度保障。

实现服务方式多样化：在工作时间上，既可以全职，又可以兼职。对兼职工作的人才，可以根据岗位特性和职责要求进行相应的约定，在保证总体工作量的基础上对工作时间进行灵活处理。在工作内容上，分类别赋予相应权责，可以是建学科、带队伍、培养人才，也可以利用其某一专长有针对性地解决创新环节的某一科学技术问题；可以通过共建学科、共建实验室等方式进行合作，也可以有针对性地开展手把手的专项培训，使相关人员熟练掌握某一专项技能等。

4.3.2.5　完善人才聘后管理

民办高校引进人才是一项有重要意义的，具有战略性和系统性的工作，不仅要引得进，而且要留得住。因此，不能急于求成，同时还要做好人才服务的保障工作，预防人才流失。引入之前建立"柔性引才"各方面的机制，规范学校与人才之间的关系，除了基本工作环境和设施设备的保障，在软环境上也应该坚持以人为本的原则，营造出人才所需要的环境氛围，完善服务保障机制，主动了解人才生活上的一些需求，增强人才归属感和自我提升的动力。

4.3.2.6　与发达地区高校合作

发达地区高校由于其所处地域和经济发展水平方面的优势，人才资源丰富，高层次人才聚集。要想真正实现跨越式发展，就要积极贯彻柔性引才工作中的"走出去"和"请进来"战略，全方位、多角度地寻求与发达地区高校的合作。

5 民办高校教师发展"内驱力"提升路径与管理创新

5.1 基于"目标管理"的民办高校教师绩效考核体系

5.1.1 民办高校教师绩效考核现存问题

笔者在对国内民办高校专职教师绩效考核进行相关文献查阅后，通过比较研究，总结出八所高校绩效考核现存问题与相应对策。经过前期问卷调研及对二手资料的收集，笔者综合分析总结后得出，目前民办高校专职教师绩效考核中普遍存在的主要问题包括以下三个方面：绩效考核目标不明确、绩效考核内容不符合本校实际、绩效评价体系不健全。

5.1.1.1 绩效考核目标不明确

大多数民办高校起步较晚，发展时间较短，一些民办高校缺乏专业的绩效考核认知，绩效考核只是作为对专职教师的工作评价和奖惩工具，而没有帮助教师个人进步，未能结合教师个人长板去提高教师多元能力，实现教师的人力资本开发。

从本次研究前期问卷调查的样本数据可以看出，完全认为学校绩效考核合理、简洁、高效的教师占比最少，仅有 9.48%，对绩效管理较为满意的教师占了 20.69%，不认同学校绩效管理的教师占了 45.69%。另外，"过于重视考核，忽视绩效改进""缺乏信息反馈，考核结果利用不当""考核流于形式，缺乏激励效果""考核指标不能准确衡量个人能力水平"

四项问题同样存在。

绩效考核本质上是一种过程管理，而不仅仅是对教师工作结果做出简单的评价，但传统绩效考核的目标以检查业绩和利益分配为主，并没有对教师绩效考核制定发现问题和人员激励的目标。针对高校的教师进行绩效考核的目的，是全面提高教师的工作效率与教学质量，开发教师的科研能力，培养其社会服务的能力，而不是对教师工作结果单一地区分高低及奖罚。

5.1.1.2　绩效考核内容不符合本校实际

民办高校起步和发展晚于公立高校，绩效考核借鉴公办高校，某些绩效考核的内容和衡量指标未能与本校师资来源、教师职能等实际差异相契合。

（1）绩效考核项目侧重于教学评价，较为单一片面

高校教师职责不只是教学和科研，还应该含有社会服务这一板块的工作内容。在传统的绩效考核中往往以教师的教学考核为主，对于科研和社会服务的考核并不严格且没有结合具体的适合的定性定量指标的考核，甚至有些学校规定教师可以拿多余的教学工作量来弥补科研等其他考核项目分数的不足。这种忽视教师科研成果和社会服务的单调的考核方式对教师科研和社会服务等其他能力的提升不但没有激励作用，而且会影响教师个人的全面可持续发展与人力资本的开发。

考核内容不够全面导致的考核结果偏向单一，使教师的心理预期和考核结果不一致，加剧了专职教师人才流失风险和师资队伍的不稳定性。

（2）绩效考核指标不合理

①定性指标和定量指标不平衡。

民办高校教师的绩效考核指标设置中定性指标占比较高，而定量指标相对较少，这样大大增加了评价过程中的随意性，导致合理性不足。定性指标是指无法直接通过数据计算分析评价内容，须对评价对象进行客观描述和分析来反映评价结果的指标。定量指标则可以准确进行数量定义、精确衡量并能设定绩效目标的考核指标。在民办高校对教师进行评价的指标中，有较大一部分评价指标都是定性指标，基本上没有"标准答案"，其中可操作空间比较大，而评价人的不同，也会令同一项行为获得不同的评价。这意味着评价人因主观印象不同，针对同一位教师的同一行为，会得

出完全不同的评价结果，这加剧了民办高校教师的不安定感，不利于增强教师的凝聚力。

②绩效考核指标无法体现差异性。

教师的来源多样，能力优势各有不同，现有的传统考核指标设置侧重于教学评价和科研显性成果，而专职教师的社会服务价值在绩效考核中占比较小，未能体现其与传统教师的差异。

（3）绩效考核指标、方式与二级学院规划不匹配

量化考核多采用统一的教学考核指标作为教师考核标准，各学科、各专业的差异性和多样性易被忽视，二级学院制定的战略、对于学生培养方向的偏差以及教师职能侧重点各具差异，并不能够完全一致，从而导致原有的部分指标、考核方式与分院业务及规划不匹配，学院战略、分院指标、教师指标互相孤立，二级学院绩效考核权限不足，缺乏长期激励措施，出现了考核瓶颈。

5.1.1.3　绩效评价体系不健全

（1）绩效考核结果未能向教师反馈有用信息（绩效反馈环节疏漏）

很多民办高校在经过严格的考核过程之后，教师往往只能得到一个绩效考核的综合评分，未能得到实际有用的信息，这会让教师对自己的教学工作的改进无法进行，挫伤教师积极性，导致绩效考核的实际效果也不能达到预期的目标。

（2）绩效考核结果应用未能发挥作用

考核结果的应用只是体现在奖惩制度上，没有关注教师的后续行为，如在工作中的心理波动、情绪状态和思想变化等，及时疏导教师的心理障碍和消极情绪，帮助其制订可操作性强、目标明确的工作计划，从而增强教师的工作热情。

对于考核结果的应用也不够重视，考核结果仅作为绩效奖金发放依据，而与教师的岗位聘任、职称晋升、评优评先、工资晋级、业绩津贴发放等关联性不强，达不到考核者的预期，不能发挥绩效考核促进成长的作用。

（3）绩效考核的主体单一

目前民办高校对于绩效考核评价主体的涉及仍然比较单一，主要是学校教学督导组、教师管理人员及学生评价，其他专职教师听课评价和教师

自我评价往往容易被忽视，且对每个主体评价占比没有科学分配，这导致考核结果不够全面。

5.1.2 问题的解决方案——基于"目标管理"构建民办高校教师绩效考核体系

管理大师彼得·德鲁克（Peter F. Drucker）于 1954 年在其著作《管理实践》中最先提出"目标管理"的概念。目标管理有目标协调一致、自主激发创新、挑战促进员工成长等特点。在随后的企业管理实践过程中，目标管理（MBO）成为绩效管理的重要组成部分。针对上一节问题，笔者将此概念应用于民办高校教师绩效考核体系之中。

5.1.2.1 绩效考核体系构建目标

（1）单纯考核到绩效体系的根本转变（促进教学绩效提高和个人发展为目的，形成良性循环体系）

建立多方位全方位的绩效考核体系。加强考核后教师个人发展计划的制定和实施，使教师个人潜能得到最大化发挥，在学校层面为教师专业能力发展创造有利的条件。丰富考核主体的多样性，将教师的自我评价纳入考核内容，对教师有更加全面的认识，从而得出更合理的绩效考核结果。

（2）从盲目考核到围绕学校战略目标进行评价

高校的一个重要职能就是为当地经济发展培养专业人才，这一职能与教师的工作密不可分，因此对专职教师的绩效考核要抓住地方经济特性符合学校战略目标。在学校总体战略的指导下制定符合二级学院各个专业特点和教师特质的绩效考核体系，使教师评价体系更加完整，督促教师的教学工作，提高教师的工作绩效。学校通过标杆学习与研究，设计更加符合学校战略发展和促进教师个人成长的评估内容和评估标准。结合学校年度工作任务及分院指标，充分考虑学校、分院、教师三方利益主体的相互平衡，以学校战略目标为主导，充分赋予分院自主权，分院根据自身发展特点制订方案，建立教师交流与沟通机制，达到共同受益的目的。

（3）被动考核到主动参与的根本转变

完善绩效考核的激励措施，加大对绩效考核结果的应用范围和重视程度，使之与教师的岗位聘任、职称晋升、评优评先、工资津贴等相关联，最大限度地实现绩效考核的激励效果，引导教师主动参与到绩效考核的全过程中。

（4）从强调教学到兼顾社会服务、科研与师德的根本转变

民办高校的专职教师往往承担着不止教学一种工作职能，绩效考核也就不能以单一的教学评价作为重点，教师的社会服务、科研能力与科研成果以及教师的个人师德品质都要被考虑到绩效考核之中，全面评价教师的工作绩效。

5.1.2.2　考核规范化

（1）建立360度绩效考核方法（指标多维、主体多元）[①]

①考核内容涵盖教师基本素养、教学目标考核、科研考核及社会服务等指标。

完成教学任务，实现人才培养是高校的重要职能。以人才培养为目的的高校，应充分结合学校所拥有的社会资源，同时具有科研功能和社会服务的职能。在民办本科院校的环境下，特别是"社会服务"这一职能更显得尤为重要。因此，在国内民办高校专职教师的绩效考核中，必须纳入科研功能、社会服务等指标，还应该兼顾师风师德评价等多维度的元素，打造生态评价指标体系。

②完善考核主体，教师绩效考核主体涵盖：职能部门、领导、同事、学生、自我五大主体（见图5-1）。

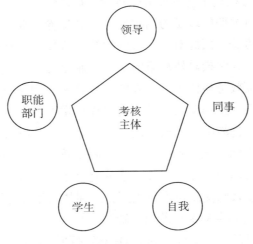

图 5-1　绩效考核五大主体

---

① 胡国庭. 浙江财经学院东方学院专职教师绩效评价体系研究［D］. 兰州：兰州理工大学，2013.

职能部门评价：职能部门指的是人事部、教务科、科研处等部门对专职教师的基本素养、教学、科研和社会服务等进行评价。按照职能部门职责，按指标对教师进行考核评定。

领导评价：这可由二级学院分管领导进行，二级学院领导层对本学院各专业教师工作相对较熟悉，可结合院校两级学风教学督导组的听课抽查反馈、教师个人教案课件准备、一线课堂听课评价及教师作业布置与批改情况等方式对教师的教学工作进行评价，也可涵盖教师基本素养（师风师德、能力水平、知识水平）的指标。

同事评价：各专业系内老师可以进行评分互评。同事之间对彼此的工作作风及教学情况有大致的了解，同事间的相互评价指标可以更好地促进教师不断改进行为，提升绩效。但同时，同事评价也会有局限性，受同事关系及个人情感因素影响，评价中可能带有个人主观性。因此，在考核前，也可以对他们加强绩效评价的培训。评价结果应严加保密，避免打击报复。

学生评价：学生作为课堂及老师教学的直接面对者和受益人，是最有权利进行评价的主体，但学生评价也存在局限性，学生个人情感欠缺，知识、经验和理解能力有限等可能导致评价结果偏离客观实际，无法全面、真实地反映出教师的水平，因此在评价时的统计占比可以适当地调整。

自我评价：自我评价是对绩效考核体系主体的有效补充，是专职教师对照考核标准对自己做出的评价，通过评价可以审视自己的工作成绩与不足，对教师自我发展起到一定推动作用。

（2）加强绩效考核的信息化建设，定性评价与定量评价结合

定性是运用综合方法对教师绩效指标进行概括性的描述分析，注重在质量上反映评价的结果。定量则是通过统计汇总等手段，对教师绩效指标进行评价。各高校可建立绩效考核的信息指标库等数据化手段，加强绩效考核的信息化建设，在减轻绩效考核压力的同时，明确专职教师绩效考核的指标及完善数据库建设，从而增强数据科学性和有效性。

（3）绩效指标及权重的确定

①设计原则：针对性、独立性、可操作性（指标简化、数据量化、数据资料易获得）。

针对性：在对于专职教师绩效评价指标的设计中，必须具有针对性，充分结合老师的发展实情，明确考核标准，而不仅仅是停留在单纯的教学质量的评价。考核时，全面考量、创新绩效考核内容，确保考核结果的真实可靠，且应结合实际的发展现状，才能有效提高民办高校老师的教学质量。

独立性：在绩效评价体系中的各项指标都要具有其独立性，各个指标的内涵评定与外延界定要清晰明了，不能模棱两可。在评价指标的选取过程中，也应尽量避免评价指标之间的交叉，选择能恰当反映工作特点与完成程度的指标，确保评价指标之间的相互独立性。

可操作性：绩效评价指标的选取如果过于复杂，会使得在相对较紧的评价时间和较多参评者的情况下，增加工作量和统计难度。因此评价指标应该简化，避免面面俱到而缺失重点。

对教师的工作业绩等可进行量化的指标应尽量采用数据量化的方法进行标准化考核，对于确实无法量化的指标，尽量选择能通过间接赋值或推算转化成定量数据的定性指标。采用多种形式的评价方式相结合，才能对教师的工作业绩做出全面、科学的判断。

专职教师的行为表现与工作业绩的数据资料应有一套完善的数据化建设，能够通过简单的整理来获得，这样才能为绩效评价提高效率。

②指标确定含一级指标和二级指标（整体性与层次性）。

专职教师的教学、科研、社会服务活动是教师综合能力的体现，结合教师岗位的工作性质及工作特点，科学、合理地制定绩效考核指标，各指标要分类别、分层次。根据绩效评价的目的来设置绩效评价指标体系，再依据关键的评价内容设置若干个一级指标，在每个一级指标下设置若干个二级指标，做到整体性与层次性[①]。

（4）建立绩效评价沟通和申诉制度，实行动态化管理

绩效考核结果往往与教师的心理预期有所差异，如果不与教师对考核结果进行沟通，考核者与被考核者难以达成共识，依据考核结果制定的奖惩措施难以真正起到激励作用和警示作用，不能激发教师参与绩效考核的

---

① 胡国庭. 浙江财经学院东方学院专职教师绩效评价体系研究 [D]. 兰州：兰州理工大学，2013.

积极性，无法实现提升教师工作绩效的根本目的。

要建立考核者与被考核者双向沟通渠道和教师申诉渠道，让教师能够及时反映自己的意见和想法，使绩效考核具有弹性，以便及时和适当地对绩效考核做出调整，实现绩效考核过程的动态化管理。建立双向沟通渠道有利于倾听教师对绩效的意见，帮助教师查找不足、探究深层次的原因，并给予指导，使其得到提升与进步。同时学校也能够通过教师的反馈发现绩效考核的不足之处，优化绩效考核体系，使之更加全面科学合理。

5.2　民办高校教师绩效考核个案研究

笔者以自己所在的学校（JC 学院）作为个案，详细分析了学校在绩效考核方面的做法。JC 学院始建于 2005 年，2021 年 5 月，经教育部批准，转为独立设置的普通高等学校。学校人才培养定位为"培养高素质、复合型、经世致用的应用型人才"。现有全日制普通本专科学生近 31 000 人，其中本科生 29 200 余人，设有 15 个教学院和 3 个特色学院，有 59 个本科专业、22 个专科专业、100 余个专业方向，形成了文、理、工、经、管、艺等多学科协调发展的办学格局。在教育部"学信网高校满意度调查"中，连续 11 年位居四川省本科高校前列；在第三方评价排行榜中，常年位列同类高校"西部第一"。

5.2.1　JC 学院专职教师绩效考核发展历程（四个阶段）

JC 学院实行绩效考核的历史，可从考核周期、考核内容、考核方式等方面归纳为四个阶段。

5.2.1.1　绩效考核初级阶段（1.0 时代）

2006 年学校就制定了《教师考核评估实施细则（试行）》（JC 教务〔2006〕50 号），还专门成立了教学督导办公室，对教师课堂教学进行督导和评估，其考评分按一定比例计入教师考核总分。2006 年 6 月开始实施《JC 学院关于开展教职员工绩效考核工作的通知》（JC 人事〔2006〕57号），采用学年（2005 年 8 月 20 日至 2006 年 6 月 25 日）百分制综合考评制度，分自我评价、部门考核、学院考核领导小组评定和考核结果反馈四个阶段，360度考评方法对教职员工进行全面考核。学校成立校长领导的校级领导及各单位负责人组成的教职工绩效考核领导小组，由人事处负责组织实施，各单位评分小组考核打分。考评内容包括"德、能、勤、绩"四个方面，分别由直接上级、部门内同级和下级（包括学生）共同打分，人事部汇总并报考核小组评定考核等级（优秀、良好、合格和不合格）。

5.2.1.2　绩效考核初探阶段（2.0时代）

学校从2008年开始创新考核机制，运用KPI考评方法实行岗位绩效考核，制定了《JC学院教职员工绩效考核办法》（JC人事〔2009〕8号），并于2008年12月17日经教职员工代表大会讨论通过，该办法对将教职员工的绩效考核的周期做了调整，将学年考核调整为自然年度考核。对考核的组织与实施、考核范围与对象、考核内容及主体、考核程序、考核结果应用等做了比较详细的规定，考核内容主要从"工作态度、工作能力、工作绩效、考勤情况"四个方面，采取百分制打分方式进行全面考核。考核结果记入本人档案，作为劳动合同解除或续签、晋升工资、岗位聘任、专业技术职务评审聘任、评选先进的重要依据，从而搭建起了学校绩效考核制度的基本框架。

5.2.1.3　绩效考核发展阶段（3.0时代）

2009年6月2日，学校院务会要求：进一步完善专职教师评价体系。由副校长和人事部负责拟订相关制度，将专职教师在职工作时间、育人工作情况纳入其评优、晋升、低职高聘等评价内容。要求各单位下大力气克服高校教师"上课来、下课走"的不良风气，坚决抵制专职教师"兼职化"，以保证教师有足够的时间更多地和学生接触交流，以及保证教师有更多的时间和精力关爱学生、关心学院。会议号召全院教师向那些"全职、全心、全力"的教师们学习，与JC学院同呼吸、共命运！

2012年11月27日，学校院务会讨论通过《JC学院专职教师绩效考核方案（试行）》，首次就教师序列绩效考核提出了系统的考核指标，包括教学、科研、管理和服务三个方面。这是在《教师考核评估实施细则（试行）》（JC教务〔2006〕50号）和兼职班主任考核基础上对教师本职工作做更加细致的要求与考核。

2013年1月15日，学校院务会请各单位认真听取教学督导组的意见，进一步加强教师教学过程管理工作。其要求：牢固树立"JC 课堂大于天"的观念；坚持执行六大制度——观摩听课制度（各教学单位要把教师观摩听课的相关安排纳入教师课表）、三级查课制度、课程归口管理制度、背书包制度、教师进修制度（要求全体教师寒假期间读一本书）、上下课礼仪制度。

2014 年 3 月 4 日，学校院务会强调，一所好的大学定由一支好的教师队伍和好的校风共同组成。绩效工资的目的是加强师德师风建设，推动教风、校风的根本转变，推动服务质量、管理质量的根本转变。会议要求各单位围绕上述目标认真做好绩效工资的考核工作。

2014 年 3 月 25 日，学校院务会再次强调，绩效工资的目的是加强师德师风建设，推动教风、校风的根本转变，推动服务质量、管理质量的根本转变。会议要求各单位围绕上述目标认真做好绩效工资的考核工作，制定方案报学校审批。

2014 年 7 月 1 日，学校院务会请各单位领导思考如何加强教师考核，评选出最优秀的 10% 的教师。

2014 年 8 月 26 日，学校院务会传达了 8 月 25 日校长办公会会议精神。为进一步实现"近者悦、远者来"的目标，使骨干教师和管理人员的工资水平更有吸引力，稳定骨干教师队伍，设立骨干教师奖励工资。设立忠诚锦城奖，对忠诚于 JC 学院教育事业的教职员工提升校龄工资。

2014 年 11 月 18 日，学校院务会提出：如何在我校选出最优秀的教师？是否应具备以下基本条件：①在我校任教五年以上；②全身心投入"锦城"教育事业，教书育人相结合；③学生反映良好，学生满意度在95% 以上；④学术水平、业务能力在业界有一定的影响力，给学校加分。

2015 年在总结之前绩效考核办法实施经验的基础上，按照当年工作的重点，学校人事处制定《JC 学院 2015 年度教职员工绩效考核方案》（JC 人事〔2015〕152 号），分序列明当年考核目的、考核原则、考核重点、考核标准与考核结果的应用，这是对 2009 年制定的《绩效考核管理办法》具有现实意义的补充。其中《2015 年度教师绩效考核方案》中明确教师的考核重点为"教学过程管理六个方面""课程与课堂设计""翻转课堂"以及"科研"等教学管理能力，并根据教育部《关于建立健全高校师德建设长效机制的意见》文件精神，实行"师德师风"考核不合格者一票否决制。考核结果与绩效奖励挂钩，可作为学校各项奖励、岗位晋升、岗位调换的依据。

2016 年，学校人事处在 2015 年绩效考核改革的基础上，结合校长在 2015 年度学校总结表彰大会暨教学工作会议上的讲话精神，以狠抓"五个坚持"，"三个全覆盖"为奋斗目标，明确了教师、辅导员、行政三个序列分类考核为基本思路，发布了《JC 学院 2016 年度教职员工绩效考核工作的通知》（JC 人事〔2016〕155 号）。教师重点考核：教学绩效、育人服务绩效、个人成长与发展和创新与贡献四个方面。绩效考核标准以百分制计，按得分数排序。考核结果与绩效奖励直接挂钩，并明确、具体地反馈给教师本人，以对其起到鞭策和激励作用。考核结果将作为学院夫子育人奖及晋级的依据。

5.2.1.4　绩效考核完善阶段（4.0 时代）

2017 年，学校人事处在总结 2015—2016 年绩效考核改革经验的基础上，为进一步建立健全科学合理的教职员工评价机制，全面考核教职员工的工作业绩，激励教职员工认真履行岗位职责，提高管理工作水平、执行力和为教学科研服务的质量，发挥工作的主动性和创造性，确保学校教育教学工作、学科建设和科学研究工作的正常运转，提高办学效率，着手打造年度考核与聘期考核相结合、条块结合，双重考核的全新考核管理制度。先后调研、借鉴和学习了四川大学、四川农业大学、内江师范学院、成都信息程大学和成都银杏酒店管理学院等同类公办学校和独立学院的绩效考核经验，最终以成都信息工程大学的绩效考核方案为蓝本，开启了 JC 学院绩效考核工分制的先河。2017 年 4 月 1 日校长办公会要求：教师、管理干部、辅导员三个系统的考核都要设定基本考核工作量。其中，教师的考核按照教学、科研、服务三大板块，总分为 480 分，行政教辅和辅导员序列参照。

围绕建设成西部领先、国内一流、国际知名的"一流应用型大学"为奋斗目标，全面落实"JC 2025"第二个十年发展规划，贯彻"双高"即"高收入、高效率"，"双持续"即"学校发展可持续""员工发展可持续"的办学方针。坚持以人为本，强化岗位意识，通过建立科学健全的聘期与年度绩效考核机制，形成"多劳多得、优劳优得、少劳少得、不劳不得"的工作氛围，激励先进，推动后进，充分发挥全体教职工的创造性和潜力，实现工作效率及工作成果双提升。学校制定了《JC 学院教职员工岗位考核管理办法（试行）》（JC 人事〔2017〕385 号），明确了考核原则：①聘期考核与年度绩效考核相结合；②条块结合，双重考核，院处为基础，学校审定。考核周期：①每三年为一个考核周期，考核时间一般为第三年 12 月末至次年 1 月上旬左右。②教师、辅导员、行政人员、后勤服务人员：年度考核按自然年度进行，考核期为当年的 1 月 1 日到 12 月 31 日，考核时间一般为每年 12 月末至次年 1 月上旬左右。③教师"授课"以及"教学效果"考核周期为每学年的两个学期，考核时间一般为两个学期期末左右。学校明确了各序列的具体考核内容，基本搭建起了一个操作性强、指标明确的绩效考核管理平台。

2018 年，根据校长在"未来型教育论坛"暨 2018 年度工作布置大会上的讲话精神，结合 2017 年度考核各类问题，重点考核教职员工"三种能力"落实情况以及"教学质量"情况，对部分考核指标做了针对性的修订。

2019 年，为贯彻落实校长《做好总结，抓好落实，实现突破，全员昂扬奋斗，光大"JC"教育——在 2019 年工作布置大会上的讲话》要求，鼓励全体教职员工"多劳多得、优劳优得"，重点考核了教职员工"十大突破"落实情况，绩效考核采用"M+3"，即年度岗位绩效合格考核+奖励考核的方式。"+3"分别为：教师序列-四全三高、两设一翻和三大教改；辅导员-四全、三高、增值与突破；行政教辅-十大突破、三个增值、显性成果贡献率。学校发布了《JC 学院关于做好 2019 年度教职员工绩效考核的通知》（JC 人事〔2019〕195 号），制定了《教师序列+3 考核方案》《辅导员序列+3 考核方案》《行政教辅人员序列+3 考核方案》。

在 2018 年与 2019 年年度考核工作的实施中，人事处与时俱进，使用人事信息平台，利用互联网新技术推进绩效考核的精准化。

2020 年根据校长在工作部署大会上的重要讲话精神，"以三个增值"为目标，以显性成果为导向，以改革创新为动力，以公正评价为手段，实现 JC 学院高质量发展的 2020 年工作总方针、总任务，依照"大稳定、小修改"的原则，学校发布了《JC 学院关于做好 2020 年年度考核的通知》（JC 人事〔2020〕13 号），明确本年度教师考核重点增加"教学资料库"建设，该文件在总结 2019 年考核实施情况的基础上，将"M+3"考核机制作为一个整体固定下来，明确了当年考核重点与考核程序，做到了考核办法、标准、程序、底线早公开，为稳定三年年度考核机制打下了坚实的基础。

5.2.2　T学院专职教师绩效考核成效分析

为更好地了解JC学院绩效考核制度的执行情况，特选取了学校两个二级单位（文科和理科学院各1个）——T学院、W学院2017—2019年①的绩效考核具体实施情况进行分析。

5.2.2.1　人均完成分数情况

从考核可以看出（见表5-1），T学院自实施绩效考核以来，每年人均完成分数呈上升趋势，2018年较2017年上涨约4.9%，2019年较2018年上涨约5.2%。除了第一年试行考核规定时未完成总体指标，其余各年度，均超额完成考核任务。

表5-1　T学院专职教师绩效考核人均完成分数情况

考核年度	考核人数	单位考核总分	实际完成总分	超分情况	人均完成分
2017（下半年）	20	43 50	4 332.96	-17.04	216.65
2018	17	7 218.40	7 740.44	521.60	455.32
2019	20	9 120	9 587.03	467.03	479.35

注：1. 2017年下半年，人均考核合格分为217.50分。

2. 2018年和2019年，由于一些教职工休产假，这些教职工的应考核分数略有不同（并非所有教职工的合格分都是480分）。

5.2.2.2　考核未达标情况

从"未达标人数"上分析，人数是逐年减少的（见表5-2）。2017年有8位教师未完成考核指标，2018年有2位教师未完成考核指标，下降28.2%。2019年有5位教师向学院申请少上课，每周安排课时量为6~8课时，他们通过科研或项目完成全部工分，由于科研有周期性，未完成工作量。只有1位教师在学历教育授课学时满足要求的情况下，因没有科研，未完成工作量。因此，2019年较2018年下降5%。

---

① 因学校岗位考核管理办法在2017年年中出台，考核从2017年下半年开始执行。

表 5-2　T 学院专职教师绩效考核未达标情况

考核年度	考核人数	未达标人数	较往年情况
2017（下半年）	20	8	—
2018	17	2	下降 28.2%
2019	20	5+1	下降 5%

5.2.2.3　科研人均完成情况

从表 5-3 的数据可以看出，2018 年较 2017 年人均完成科研分数提高了 3.04 分，提高了 12.6%；2019 年和 2018 年相比，基本持平。由于绩效考核中有科研分数的要求，老师们以论文、项目、指导竞赛的方式完成科研分数，不断提升老师们的科研水平。

表 5-3　T 学院专职教师科研人均完成情况

考核年度	考核人数	完成科研总分	人均完成科研分	较往年情况
2017（下半年）	20	242	12.10	—
2018	17	463	27.24	提升 3.04 分
2019	20	545	27.25	提升 0.01 分

注：2017 年仅考核了下半年，故在进行对比时，按全年计，乘以了系数 2。

5.2.2.4　学院教师职称结构变化

实施学校绩效考核以来，在学院的科研成果进一步提升的同时，学院教师职称的情况也呈现了逐步向好的趋势，特别是获副高级及以上职称人数的增幅非常明显（见表 5-4）。

表 5-4　T 学院教师职称结构变化

考核年度	总人数	副高级及以上职称教师人数	中级职称教师人数	初级及以下职称教师人数
2017（下半年）	20	1	17	2
2018	17	5	12	0
2019	20	8	12	0

5.2.2.5　博士学位的教师科研排名

如表 5-5 所示，博士学位的教师科研排名在 T 学院均位于前三名。这反映出博士学位的教师具有较高的科研水平。

表 5-5　T 学院博士学位教师科研排名

考核年度	博士人数	科研贡献排名
2017（下半年）	1	2
2018	1	3
2019	1	3

当年要评副高职称的教师，科研分数会出现峰值，且发表论文的期刊为核心及以上时，论文质量较高。副高职称评审通过后，几乎没有核心论文。

总之，实施绩效考核以来，有利有弊，利大于弊。由于有竞争，老师上课更积极，教学水平不断提升。教师的待遇得到了进一步提高，老师对于职称的需求变得更加强烈，在这种意愿的驱使下，教师在高水平论文发表、指导学生参加科研竞赛两方面显著提高。在科研统计方面，年轻博士的科研贡献率高，在高水平论文的发表上占有一定优势。同时，教师的绩效考核相对清晰，基于完成达标工作量的压力，表现出了较强的热情。

弊端在于之前给教师安排课程遵循的原则是，尽量发挥教师的专业特长，根据教师授课效果以及学生的满意度差异化排课。现在，考虑到老师的授课工分考核合格情况，学校势必会有均衡考虑。尽管博士的科研贡献率高，但这种优势建立在博士在读期间的"老本"上。要更大发挥博士的科研作用，学校一定要搭建更好的科研平台，让博士人尽其才。

5.2.3　W 学院专职教师绩效考核成效分析

JC 学院的教师绩效考核是工分制，480 分为基本分，"M+3"为显性成果贡献。其考核体系的制订是以三个增值为目标，以显性成果为导向，以改革创新为动力，以公正评价为手段，目的是实现 JC 学院的高质量发展。从 1.0 版本的《JC 学院全职教师考核管理办法（试行）》到 2.0 版本的《JC 学院 2019 年教学单位考核方案（试行）》和《JC 学院行政教辅人员及辅导员年度考核 M+3 方案》，再到 3.0 版本的对《JC 学院关于印发〈JC 学院教职员工岗位考核管理办法（试行）〉的通知》（JC 人事〔2018〕126 号）文件的补充和修订，总的来看，历年的修订、完善有如下两个特点：

第一，保持教学、科研、教育服务三大评价类别的稳定性。

第二，保持对 480 分基本工作量的考核，加大对教师显性成果贡献的认定和奖励。

从教师绩效考核的管理办法和评分细则可以看出，JC 学院是教学型高校，遵循"坚持教学优先，保持科研底线"的原则是考核工作的总方针。教学型高校对人才的培养主要通过教学活动来实现，教学是教学型高校最经常、最主要的实践活动，是高校的工作中心。教师作为教学型高校的灵魂人物，承担着传道授业解惑的重大责任，是教学型高校人力资源的主体部分。因此，对教学型高校教师的肯定与尊重、培养与激励，已成为各大高校着力思考和重点解决的问题。习近平总书记于 2016 年 11 月 1 日主持召开中央全面深化改革领导小组第二十九次会议并发表重要讲话，会议审议通过了《关于深化职称制度改革的意见》。根据该意见要求，正确地考核评价并肯定教学型高校教师作为专业技术人员、"灵魂的工程师"的地位，对教师本人及社会皆有着不可估量的积极影响。可见，JC 学院完善教师绩效考核的想法是符合时代发展需要和国家相关政策规定的。

在具体内容上，根据笔者检索，目前教学型高校主要将绩效考核指标分为师德师风、教学、科研三个指标。通过比对，JC 学院在基本指标上和其他教学型高校相似，但实行的是工分制，量化指标即在小分上分解得更为详细，提供的自证材料多。结合教师具体完成情况，以 W 学院为例，2018 年参加考核 29 人，完成 480 分 25 人，最高分 738.19 分。2019 年参加考核 31 人，完成 480 分 29 人，最高分 798.97 分，600 分以上 12 人。体现的特征如下：

5.2.3.1 教学工作完成较好

第一，学历教育授课学时得分在提升，所占比重最大。这部分的满分是 384 分，2017 年下半年 28 名教师参加考评，学历教育授课学时达到 192 分以上的 16 人，占 57.1%；2018 年 29 名教师参加考评，学历教育授课学时达到 384 分的 21 人，占 72.4%；2019 年 31 名教师参加考评，学历教育授课学时达到 384 分的 25 人，占 80.6%。

第二，指导毕业论文得分基本偏低，得分和实际工作量呈现不平衡关系。这部分的满分是 45 分，2018 年达到满分的 4 人，占考核人数的 13.8%，2019 年达到满分的 6 人，占考核人数的 19.4%，而每一位老师又指导了至少 8 个学生，部分老师指导学生 10 人以上，数据体现出教师指导学生人数的增多、实际工作的增加和最终考核得分偏低的不平衡关系。究其原因，指导学生的人均分数设置偏低——4.5 分，以 W 学院为例，指导老师 3 分，评阅教师 1 分，答辩组 0.5 分。教师指导从 7 月启动毕业论文宣讲、收集发布题目、师生配对，到开始指导撰写开题提纲、课题，几经修改，到 10 月中旬组织开题课题会（每组 3 位老师，所有指导学生均陈述论文选题、框架，接受问询），再到 12 月底交初稿，次年 3 月底前依次交二稿、三稿、定稿，4 月最终答辩，教师工作量饱满甚至超负荷，有管理和指导痕迹，即使加上参加论文交叉评阅、毕业答辩的得分，依然考核分数低。

第三，"两设一翻"教学质量得分普遍较高。此项满分 10 分，2018 年 9 分以上者 21 人，占 72.4%，2019 年 9 分以上者 21 人，占 67.8%。"两设一翻"囊括了课程与课堂设计（大纲、教案、在线平台建设以及教学反馈率中的作业、测验、答疑人次、一课一文等）、翻转课堂（视频、任务书、作业、测验、思考题等，线下教学）等，每一项考查量化，每学期以截图等方式提交自证材料。

第四，学历教育监考得分较高，教学零事故，无扣分者。学历教育监考满分 2 分，2018 年达到 2 分者 21 人，占比 72.4%，2019 年达到 2 分者 24 人，占比 77.4%。监考一场 0.5 分，与持续 10 个月的论文悉心指导得分相比，更突显出论文指导所给分数偏低。

5.2.3.2 科研方面：数量上有所提升，高级别课题、项目、论文有待加强

2018 年科研分达到 20 分者 22 人，占比 75.9%，2019 年科研分达到 20 分者 22 人，占比 71%，达到 50 分者 13 人，占比 41.9%，达到 100 分者 7 人，占比 22.6%，达到 200 分者 1 人。2019 年共有 3 个教育部人文社

科项目在研,2020 年有 1 个国家社科基金项目立项。

5.2.3.3 教育服务得分较高

在 2018 年,二级学院特色工分获得 16 分满分的 20 人,占比 69%,达到 12 分 26 人,占比 89.7%;教师发展 3 分,满分 20 人,占比 69%。在 2019 年,二级学院特色工分获得 16 分满分的 19 人,占比 61.3%,达到 12 分 26 人,占比 83.9%,所有教师均在 10 分以上;教师发展 3 分,满分 17 人,占比 54.8%。

由上面的绩效考核得分数据可知,教师主要得分为"教学"得分,特别是授课学时得分。科研具有长期性,并不能完全保证每年量产,考核体系中虽然区分了教学型和科研型,科研型教师每周最少上 6 节课(全年 192 分),但实则不可控因素多,如某科研型教师 2018 年按"最低授课学时+科研得分+其他"的方式考核未达 480 分,2019 年和 2020 年科研成果多且级别高,科研分数高,又超额完成任务。个别科研水平高的教师不代表大部分老师的情况,因此,96.8%的教师选择上够课甚至多上课的方式完成考核。

5.3 民办高校教师绩效考核提升路径

通过文献研究及案例分析,下面本书以 JC 学院为例,提出民办高校教师绩效考核的提升路径,具体包括五大对策和五个转变。

5.3.1 五大对策

高校教师绩效评估可以利用关键绩效指标(KPI)体系来提升人事绩效评估系统的效率。KPI 具有以下三大特点:①关键绩效指标都是可以考核的。②关键绩效指标都是定量化的。③关键绩效指标必须是对管理方向有益的[1]。所以,建立教师绩效评估体系必须遵守以下要求:①计划导向。绩效评估方法必须遵循高校的组织计划目标,即在计划内来评价。②注重

---

① 杜建华,沈红.论合并高校的学科融合 [J].理工高教研究,2003 (22):27-29.

绩效完成的质量和道德约束。因为高校的人事绩效具有极强的社会效益，如果一味地追求绩效，可能对高校的社会影响力造成影响。③建立可操作的绩效评估体系，建立的模块具有可度量性。④建立稳定性强的 KPI 对高校来说极为重要，可以稳定教育业务体系[①]。

根据研究团队对校内两个学院绩效考核实施成效分析，结合国内同类型院校案例比较研究，目前 JC 学院优化健全教师绩效考核体系的对策包括以下方面。

5.3.1.1　遵循 PDCA 闭环管理，保障绩效考评有效执行

一个"畅所欲言"的工作环境，能够促使绩效评估更客观公正。绩效计划阶段，分院召开全体员工大会，与员工沟通绩效指标与方案，明确考评规则，双方达成心理契约；绩效实施阶段，管理者及时跟进员工考评情况，并进行指导与帮助；绩效反馈阶段，对员工的绩效考评结果进行面谈与沟通，帮助员工认识不足；绩效改进阶段，帮助员工制订改进计划，并帮助其改进成长。通过 PDCA 的闭环管理，为教师和管理部门的双向沟通提供平台，形成良好的绩效氛围。

明确绩效评估体系的基础，确立人事部门的管理与服务角色，明确各院系的协助与反馈角色。在人事绩效评估体系中，人事部门不再单一作为信息提供者起主导作用，而是要在一定程度上成为引导者，鼓励并帮助教师提升绩效。

5.3.1.2　探索以评估促教师发展、教师增值的可持续路径

中央全面深化改革领导小组第二十九次会议审议通过的《关于深化职称制度改革的意见》指出"以品德、能力、业绩为导向，完善评价标准，创新评价方式，科学客观公正评价专业技术人才，让专业技术人才有更多时间和精力深耕专业，让作出贡献的人才有成就感和获得感"。按照该意见要求，正确地考核评价并肯定教学型高校教师作为专业技术人员、"灵魂的工程师"的地位，对本人及社会皆有着不可估量的积极影响。因此，绩效评估不仅是考核，也是在科学公正评价、适量适度考核的基础上，"让专业技术人才有更多时间和精力深耕专业，让作出贡献的人才有成就

---

① 唐宁玉，王丽华. 我国高校合并特征和成效研究：一个研究框架 [J]. 科研管理，2009（10）：34-36.

感和获得感"。

绩效考核的目的不是真正的"考核"教师，而是引导教师不断进步，挖掘教师的最大潜力，从而促进学校的持续发展。学校根据考核结果匹配相应的绩效奖金分配方案、职务晋升政策、外出培训经费等资源。学校不仅应关注短期激励，更应关注教师的长期发展，分院与每位教师共同制订未来 3~5 年发展计划，明晰教师的职业发展目标，更好地平衡教师工作任务与个人成长之间的矛盾，使个人成长目标的实现与组织绩效目标的达成统一。

激发教师活力，促进教师多元发展。以"教学、研究、服务"三大任务为主体的教师绩效评价体系的改革与实施，激发教师的积极性与工作热情，拓展教师的职业发展通道，使教师发展目标更加清晰明确。

5.3.1.3　建立健全绩效评估体系保障机制，简化流程

增加各部门联动，减少评估中自证材料的撰写提供，精简流程，提高效率，规范评估方式，保持评估内容的稳定性，增强评估体系透明度，必要时应使用自动化办公系统解放人手，推进绩效评估体系的合理化、科学化、信息化。

5.3.1.4　实行分类考核管理，明确教师职业发展方向

教育部一直强调高校的社会服务功能，增加社会服务工作的考核分值势在必行。为满足教师个性化需求和学院战略发展相匹配的培养目标，针对不同背景、不同特长的教师，实施分类考核、分类培养。引导教师聚焦自己的发展领域，逐步将日常工作、教师自身职业成长、学院战略发展三者融合，更加明晰教师的成长与职业发展目标。根据学校发展需要，教师岗位分为教学服务型、科研服务型。教学服务型教师主要承担课程教学工作，承担课程建设、教材建设及教学改革工作。科研教师主要承担产学合作、教学改革及部分纵向科研研究。通过实施教师岗位分类管理，学校不仅可以帮助教师在擅长的领域发挥优势，明确自身职业生涯发展目标，而且可以优化教师队伍结构，实现教学、科研、服务等重要工作的人力资源合理布局。

5.3.1.5　向二级分院充分授权，发挥二级分院自主作用

学校制定绩效考核指导意见，尊重二级分院发展的不同阶段和不同需

求，允许二级分院在学校指导意见下制定符合自身学科发展的个性化方案，保证方案的灵活性和可执行性。体现高校特色，在同类院校中起到影响示范作用。借鉴国外高校先进经验，结合我校转型要求，新教师绩效评价体系使个人、二级分院、学校发展目标有效结合，自上而下、自下而上实现学校战略目标，对其他民办高校教师绩效管理起到一定的借鉴作用。

5.3.2　五个转变

在为以 JC 学院为代表的高等院校教师绩效考核体系优化及提出政策建议过程中，有必要回过头重新审视原有教师考核制度与新的绩效考核体系的不同之处，这样能够更清楚地理解高校教师绩效考核体系整个系统的真实含义，并明确其目标定位。对于 JC 学院教师绩效考核优化体系的目标，概括起来主要需要实现以下五大转变：

5.3.2.1　从单纯考核到绩效管理的转变

原有的教师考核是学校在上级部门的指导精神下，经过初步调研，自行制定教师考核办法，然后按照办法对教师进行考核，给出结论。至于考核能起到什么样的效果，能不能起到作用，如何能够提高教师的绩效，学校很少涉及，往往是单纯性地检查教师的工作。而 JC 学院教师绩效考核的优化体系，从学校目标的分解，到绩效考核体系的构建，从绩效目标的确定、绩效沟通和实施，到绩效反馈与改进，都有系统的绩效理论支撑与广大教师的参与，并且整个绩效管理的过程是以促进教师绩效提高和教师个人发展为目的，从而形成一个良性的循环。

5.3.2.2　从片面考核到围绕学校战略目标考核的转变

教师考核往往都是体现在教师的工作数量与质量上，但这些数量与质量是不是学校发展所需要的，不得而知。因为一所高校必须明确自己的战略目标与发展方向，必须有自己的办学理念与办学特色，所以以 JC 学院为代表的高等院校，其教师的绩效必须围绕学校的战略目标来进行管理与考核，紧紧抓住社会服务的特性，这样才能够促进教师与学校的共同发展。

5.3.2.3　从被动考核到主动参与的转变

应该说，高等院校教师考核基本停留在主管部门制定规则，教师填写表格，学校给出考核结论的这样一个流程。JC 学院教师绩效考核优化体系则强调教师的主动参与，从绩效考核指标中的自我评价，到绩效管理流程中的自始至终的全面沟通，都将体现教师既是被考核的对象，又是绩效管理的重要参与者。

5.3.2.4 从完全量化到发展性评价的转变

现行对教师考核主要是建立在各种量化指标的基础上，教学要考核工作量，科研要考核发表文章数、项目经费，各种指标还要进一步量化，往往精确到小数点后若干位，这种量化考核的方式似乎还有向各方面推广，进一步强化的趋势。有高校教师认为最欢迎目前这种量化考核方式的，大概是各级管理者，该种方式用一把尺子衡量所有的人，一切用数字说话，简单又明白，既减少了管理的难度，又便于统计"政绩"。但是，这种考核方式并不符合高等学校的管理规律。绩效考核应该分类别、分层次，形成多位一体的体系，但过度精细化、小分化，甚至零点几分的不断累积和各种乘除加权会降低考核的可操作性，增加人事部门负担，降低教师的积极性，应引导教师将精力投入教学、科研、教育服务本身，而非分数核算、自证。

高等院校应该是提倡自由思想的场所，在一个相对宽松的环境下，让学校的主体之一——教师，心情舒畅地从事创造性的工作。以 JC 学院为代表的高等院校新的教师绩效考核指标体系中，除业绩评价之外，还将引入发展性评价的指标，强化非量化的指标，使教师绩效考核更为科学与有效。

5.3.2.5 从强调教学与科研到还兼顾服务与师德的转变

对于高等院校，其肩负着服务社会的重要职责。高校教师的主体工作确实是教学与科学研究，但同时还肩负着"学为人师、行为师范"的光荣任务。因此，以 JC 学院为代表的高校教师的考核必须融入为社会服务和教师职业道德、学术道德的考核内容，这样的指标体系才更为完善，才能更有说服力，同时也才能更有效地保证教师绩效的真正发挥。

6 民办高校教师发展"激励力"提升路径与管理创新

6.1 民办高校 3E 薪酬分配制度优化设计

6.1.1 民办高校教师薪酬激励研究现状

6.1.1.1 研究现状概述

由于我国民办高校起步晚,针对民办高校薪酬激励的主题研究较少(见图 6-1),笔者根据 CNKI 检索"民办高校薪酬激励"关键词,共检索出 94 篇文献,并通过可视化分析(见图 6-2)可知,研究主要集中在高校的薪酬体系及激励机制现存的问题及原因分析、探索具有广泛适应性的对策及实施原则,以及体系优化。笔者基于多视角,对全面薪酬理论、全面薪酬战略及激励模式进行了研究。2014 年后研究文献的数量有增长趋势,自2020 年后主题研究文献减少,缺少基于模型的对策设计,以及对于专职教师的专项研究。

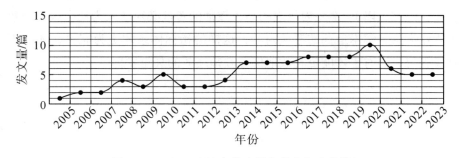

图 6-1 2005—2023 年发文量与发表年度趋势

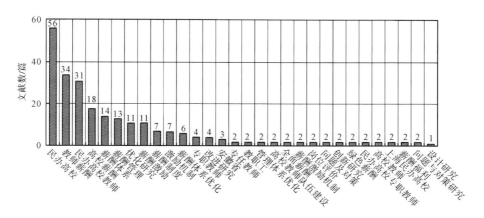

（a）主要主题词

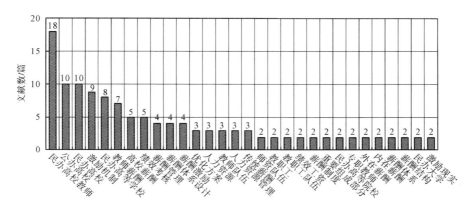

（b）次要主题词

图 6-2　主要主题词与次要主题词分布

6.1.1.2　全国高校教师薪酬水平

（1）大学教师平均月收入水平

2016 年麦可思大学教师薪资福利调查报告显示①，大学教师平均月收入为 5 478 元，高于 2015 年全国城镇非私营单位就业人员月收入（5 169元）6 个百分点，高于全国城镇私营单位（3 299 元）就业人员 66 个百分点。本科教师月收入为 5 709 元，高职高专教师为 5 001 元（见图 6-3）。

教师职称/职位的不同对于月收入影响较大，不同职称教师之间的月收入差距明显。调查显示，教授（本科 7 947 元，高职高专 7 305 元）和副教

---

① 目前暂未找到更新的数据。

授（本科 6 262 元，高职高专 5 805 元）月收入较高，讲师（本科 5 011 元，高职高专 4 646 元）的月收入则低于全国城镇非私营单位就业人员（5 169 元）。

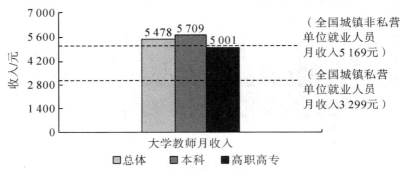

图 6-3　2015 年全国大学教师月收入情况

（注：数据来源麦可思的大学教师薪资福利调查）

（2）全国高校教师人均工资福利支出

2014—2016 年，全国高校教师人均工资福利支出呈逐年上升趋势；四川省 2016 年涨幅较大。从区域之间来看，高校教师人均工资福利支出存在较大区域差异，东部地区高于西部地区，远高于中部和东北部地区；从区域内部来看，各省市高校教师人均工资福利支出差异明显，且东部和西部地区两极分化情况突出，如 2016 年东部地区的上海市高校教师人均工资福利支出是四川省的 2.25 倍，西部地区青海省高校教师人均工资福利支出是四川省的 1.25 倍（见图 6-4）。

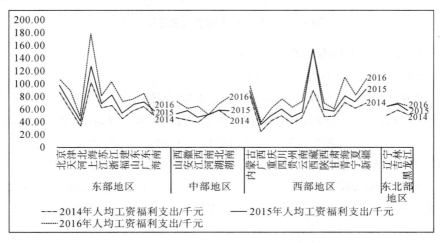

图 6-4　2014—2016 年各省市教育经费支出中高校人均工资福利支出情况对比

6.1.2 民办高校教师薪酬激励现存问题

本书在把握国内民办高校教师薪酬激励研究现状的基础上，结合民办高校教师薪酬激励的实际情况，分析总结民办高校教师薪酬激励的现存问题，主要包括以下三个方面（见图6-5）。

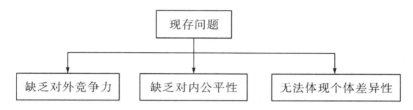

图6-5 民办高校教师薪酬激励的现存问题

6.1.2.1 缺乏对外竞争力

对外竞争力主要是将民办高校本身的薪酬水平与市场薪酬水平进行比较。从行业间对比来看，民办高校办学时间短，收入来源单一，以学生学费为主。据调查，广东省多数民办高校副教授的工资仅与银行入职两年的职员的工资相当；同一地区民办高校教师的收入仅是公办高校教师收入的1/2～2/3[①]。从行业内对比来看，由于民办高校的薪酬制度多借鉴公办高校，其非经济性薪酬缺少自身特点和竞争优势，与公办高校相比，五险一金福利水平差距较大，学术科研环境和社会评价等水平更低。由本书调研数据可知，在问卷中"您考虑离职或转职的原因"一题的回答中，位居首位的是"学校薪酬水平未达到个人预期"，其次是"养老保险等福利政策欠佳"。上述情况反映了民办高校教师薪酬激励的市场竞争力存在不足。

6.1.2.2 缺乏对内公平性

对内公平性主要体现为学校给予的工作补偿与每个岗位的相对内在价值相符合。本书调研数据显示，首先，针对"您的薪酬福利与自我付出、对学校贡献及工作量相符"这一问题，仅有18.97%的教师选择较同意，31.9%的教师选择不确定，43.96%的教师选择较不同意甚至不同意，由此

---

① 方妙英. 对民办高校薪酬管理的探讨：构建基于3P模式的薪酬管理制度 [J]. 教育探索，2009（11）：62-63.

可知大多数问卷受访者认为自我付出与薪酬福利回报不甚相符。其次，在"您对学校薪酬福利满意度不高的原因"这一多选问题的回答中，被选占比前三的选项分别是"基本工资水平低，福利制度不完善""只有薪酬，没有激励，薪酬幅宽窄，教师看不到晋升空间""内部公平性不够，教师主观上感到付出与所得不成正比"。由此可知，对内公平性问题实质涉及高校组织的薪酬管理全过程，包括职位评价与定薪、薪酬结构设计、绩效激励、员工福利管理等方面。上述情况反映了民办高校教师薪酬激励对内公平性存在不足。

6.1.2.3 无法体现个体差异性

本书调研数据显示，首先，在回答"您认为学校教师的绩效管理有哪些不足之处"这一问题时，47.62%的教师认为"考核指标不能准确衡量个人能力水平"，也就是从考核指标设置来看，现行传统考核指标的设计未能充分合理准确地考察区分教师个体内在价值的相对差异。其次，对于"您对学校薪酬福利满意度不高的原因"这一问题，30.43%的教师选择"个体公平性差，绩效考核未能体现出教师的实际工作表现"。教师进行的教学教育活动是有别于生产物质产品的劳动，教育的目的是培养社会所需人才，这一目标结果的实现周期非常长且又不直接，因此，考核和激励的设计受到教师职业特点本身的阻碍，这一特点也对现行的侧重短期激励的绩效考核提出了更高的要求。

6.1.3 3E 薪酬设计体系概述

3E 薪酬设计体系（见图 6-6）① 最早是由张守春提出的。张守春的这套薪酬设计体系中的 3E，分别代表的是外部均衡性（external equity）、内部均衡性（internal equity）、个体均衡性（individual equity）。特别指出，此处的薪酬是指广义的薪酬，包括经济性和非经济性的报酬。

---

① 程海涛. 张守春：3E 薪酬的符号 [J]. 管理@人，2007（2）：54-55.

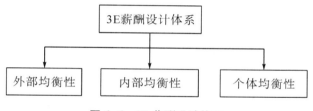

图 6-6 3E 薪酬设计体系

外部均衡性：雇主给予员工的薪酬要符合合理的行业市场定位。需要强调的是，并不是组织中岗位的工资水平在对应的市场上定位越高就越算是外部均衡，而是只强调达到合理的市场定位。

内部均衡性：雇主给予的工资与每个岗位的相对内在价值相符合。由此涉及岗位价值评估的技术和方法。

个体均衡性：雇主根据员工个体价值的差异而给予不同的薪酬。最简单的应用就是对于从事同种岗位工作的员工，业绩佳的员工必须比只停留在最低的可接受水平的员工得到更多的薪酬，也就是管理者必须要以业绩而非以时间来决定薪酬。因此个体均衡是通过调薪来实现的。由此引出建立合理健全的绩效激励管理体系的必要性。

3E 薪酬分配制度的核心思想：薪资设计不应把激励放在第一位，而应把公平放在第一位，遵循"公平"原则。

6.1.4 基于 3E 薪酬制度的民办高校教师薪酬激励设计

高校的师资力量是高校人力资源的主体，也是各高校之间竞争的对象。高校的教学、管理以及科研项目的运作都离不开教师。民办高校只有建立激励机制，才能引进、留用、培育高水平、高职称、高学历教师，提高教学、管理水平，加强自身的核心竞争力，实现可持续发展。激励的方法有很多，在此针对民办高校薪酬激励制度现存问题，笔者建议，探索基于 3E 薪酬制度的具有民办高校特色的激励设计①。

6.1.4.1 针对缺乏外部均衡性问题的对策设计

设计具有竞争性的薪酬体系，提高教师整体薪酬水平，使薪酬体系既

---

① 毛立群，赵军. 民办高校的发展与教师的薪酬激励分析 [J]. 中国市场，2005（32）：168-169.

具备可持续的外部竞争力，吸引优秀人才，又起到稳定和激励本校教师队伍人才的作用。

首先，设计具有竞争性的薪酬体系。立足市场调查，在把握行业整体薪酬水平，特别是同类高校和公办高校的薪酬水平基础上，结合本院校特点和发展战略，设计具有竞争性的薪酬体系。

其次，提高整体薪酬水平，必须优先肯定经济性薪酬作为经济基础，具有保障教师基本物质生活的作用，是其行为的根本驱动力。高校教师在基本物质需要达到一定满足后，会追求精神层面更深层次需要。追求能够发挥个人潜力，承担具有挑战性的工作，以满足其具有社会意义的尊重需要和自我实现目标。因此经济性薪酬与非经济性薪酬互为补充，目标一致，在提高整体薪酬水平时要将经济性薪酬水平与非货币薪酬激励并重。同时，如果高校能够将"个人需要的满足"同"高校战略目标的达到"相融合，把整体利益与个人利益协调一致，使教师充分认识目标的双重意义，并为共同目标利益而奋斗，将助力个人发展与组织目标实现的双赢。

6.1.4.2　针对缺乏对内均衡性问题的对策设计

缺乏对内公平性问题实质涉及高校组织的薪酬管理全过程，包括职位评价与定薪、薪酬结构设计、绩效激励、员工福利管理等方面，因此要求高校建立科学合理的考核机制，构建一体化绩效管理体系。

（1）建立科学合理的考核机制

第一，明确考核的目的。考核不应仅仅为考核而考核，高校教师考核作为一种管理制度和方法：一是为高校组织的发展服务，支撑高校使命和战略的实现；二是服务于教师个人需要及其职业进步。民办高校性质各不相同，有应用型、教学型等，其战略目标也各不相同，因此考核目的之一在于在某些方向上给教师一个明确导向，引导教师把个人的自觉期望目标纳入学校组织的大目标上来。由于教师生产活动和生产结果的特殊性质，考核需求应运而生，考核目标之二就在于通过考核评估倒推教师职业进步。

第二，设计考核指标。首先，设计考核指标要定岗定编，职级分明，明确职级评定的条件标准，落实全员聘任制。其次，优化考核指标的设置及权重。考核指标是无形的指挥棒，教师教学教研的方向围绕着指挥棒转。考核指标定量化虽然更加明确规范化，在某种程度能避免人为主观因素，相对来说比较公平，但教师劳动具有成果滞后性，过程创造性，对象能动性等特点，若一味追求数量势必与教师劳动的特性相矛盾，诱发学术研究的急功近利倾向，从而对学术和教育的长远发展产生负面影响。因此，考核指标设计要通盘考虑，慎之又慎，尽可能科学、合理，处理好各方面的关系，比如学校长远的发展和当前的需要之间的关系；教师的德与才、教学与科研之间的关系等。

第三，建立考核反馈机制和实行动态化管理。建立考核反馈制度是促进考核机制优化的直接方法，开放申诉反馈渠道有利于探索以评估促教师发展，教师增值的可持续路径。实行动态化管理，是由于管理对象具有能动性，根据马斯洛的需要层次理论，当下一级需要获得基本满足以后，追求上一级的需要就成了驱动行为的动力。高校教师作为高知人才，当物质生活已基本得到满足，将侧重追求上一层需要，也就是自尊、荣誉、成就的需要。考核客体这一动态变化的过程要求考核实行动态化管理。

（2）构建一体化绩效管理体系

绩效管理是指各级管理者和员工为了达到组织目标，共同参与的绩效计划制定、绩效辅导沟通、绩效考核评价、绩效结果应用、绩效目标提升的持续循环过程，是强调员工为中心、主动开发、在过程中解决问题的完整的系统。应摒弃传统重绩效考核轻绩效管理的模式，要强调教师员工与管理者的共同参与。此外，绩效管理是高校人事处和各学院的共同责任，两方应合理分工，人事管理权适当下放到学院层，发挥二级分院自主作用。

6.1.4.3 针对个体差异性问题的对策设计

这要求高校创造公平的内部竞争环境，建立合理的奖惩机制，遵循公平第一，兼顾绩效的原则，一方面保证内部均衡性，另一方面同一岗位的教师"多劳多得，优劳优得，少劳少得"，拉开合理的差距，达到个体均衡性，让作出贡献的优秀人才得到更高的薪酬回报，激励教师的工作热情，从而提高高等教育质量水平。由于教师个体本身的不平衡性，比如有的教师擅长科研，有的教师擅长教学，管理可以根据不同的教师的不同优势而有不同侧重。对于科研能力相对较弱者，教学任务就相对较大；对于科研能力较强者，承担的科研任务就相对多一些。这种方式能使大家在能力范围内充分发挥自己的长处，使利益分配机制既体现效率与公平，又体现人道与民意，从而最大限度地调动不同群体的工作积极性，以此实现校园的持续发展。

6.1.4.4　经济性薪酬与非经济性薪酬并重

学术界公认全面薪酬包括经济性报酬和非经济性报酬，由核心至边缘依次为薪资、福利、事业、环境四部分，构成全面薪酬体系。其对员工的影响也由里到外扩散开来，类似于涟漪的传播方式，被称为全面薪酬的"涟漪式"影响扩散模型①，如图6-7所示。

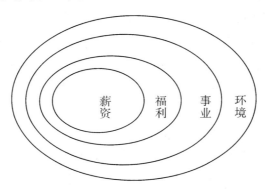

图6-7　全面薪酬的"涟漪式"影响扩散模型

首先，从需求角度看，在高校教师的基本物质需要得到一定程度的满足后，也就是经济性薪资水平达到预期后，将遵从边际效益递减效应。高校教师追求的是精神层面更深层次需要。追求能够发挥个人潜力，承担具有挑战性的工作，以满足其具有社会意义的尊重需要和自我实现需要。因此，这要求设计全面薪酬回报体系，经济性薪酬与非经济性薪酬并重。从教师工作的特殊性角度看，工作成果难以予以简单精确的量化，单靠刚性的指标推动教师工作是无法达到最佳工作效果的，还需要非经济性薪酬激励以调动教师工作的主动性和积极性。由全面薪酬体系涟漪式模型可以看出，非经济性薪酬包括福利、事业、环境，如图6-8所示。

---

① 刘爱东. 全面薪酬体系初探 [J]. 中国人力资源开发，2004（3）：20-22.

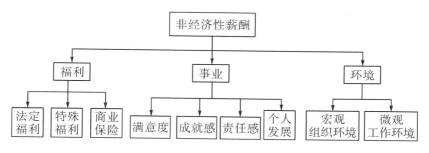

图 6-8　非经济性薪酬

（1）福利

福利是员工的间接报酬，具有普遍性，适用于具有某企业组织身份的所有成员。根据本书问卷调查研究发现，在"您考虑离职或转职的原因"这一问题回答中，"养老保险等福利政策欠佳"被选占比位居第二，这反映出调研的民办高校教师对院校福利政策不尽满意。

针对此主要可以从四个角度切入，以提高福利从而对教师工作满意度起到激励作用。一是民办高校要构建多层次的社会保障体系。法定福利是员工的基本福利，也是员工权益的重要组成部分，因此要按规定为教师足额缴纳社会养老保险、医疗保险、失业保险、工伤保险、生育保险和住房公积金。根据学校发展情况，建立教师职业福利，为本校、本行业从业人员及其家属提供职业福利和住房保障（补贴）；完善补充养老保险制度，如企业年金、职业年金和商业保险制度，构建民办高校教师多层次社会保障体系①。二是民办高校可以自主设计增加福利项目，如交通补贴、住房津贴、工作餐补贴、健康检查等。三是实行弹性福利，允许员工在福利体系中自由选择几种该员工本人偏好程度较大的福利形式。由于员工的需求结构不同，以灵活的支付形式满足员工个性化的需求，最大限度上提高他们对薪酬的满意度，是弹性福利的宗旨。四是维持其保健因素功能的前提下，赋予其一定的激励作用。使福利项目逐步从员工平均共享，转型成为对高绩效员工的激励手段之一。完善的福利系统对吸引和保留教师非常重要。福利项目设计得好，不仅能给教师带来方便，解除后顾之忧，还能增

① 景安磊. 民办高校教师权益实现的问题、思路和措施［J］. 国家教育行政学院学报，2014（12）：63~67.

强教师对民办高校的忠诚度，提高民办高校的社会声望。

（2）事业

本书调研数据显示，首先，在"您在选择入职本校时，看重学校的哪些方面"这一问题的回答中，"教师职业发展通道、个人职业发展、自我实现""工作自主权"两个选项被选占比分别位列第三和第五，表明被调教师看中就职工作带给个人能力的提高和事业的成功；其次，在"您感到工作很有意义、很有成就感、工作满意度高"这一问题的回答中，有49.14%的教师认为较同意，10.34%的教师完全同意。因此，挖掘事业这一非经济性报酬本身蕴含的激励力，有利于激发教师内在积极性。根据德尔菲法，本书认为事业成就感有四个方面，如图6-9所示。

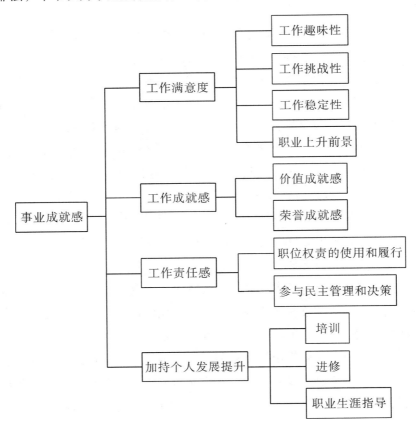

图 6-9　事业成就感的影响因素

第一，工作满意度。其包括工作趣味性、工作挑战性、工作稳定性、职业上升路径前景四个方面：富有趣味性的工作能提高教师在工作中获得的心理满足；富有挑战性的工作能持续推动教师的自我提升；工作有保障稳定性强，则能使教师排除顾虑专心教育教学工作；职业上升路径具有光明开阔的前景，则能促使教师积极投身教育事业当中，持续追求更长远的发展。由于现代民办高校组织结构日益扁平化和管理岗位本身的有限性，而民办高校教师群体的上升路径多是照搬公办高校的评级制度，发展空间十分有限，民办高校应考虑开辟多通道职业生涯发展路径来进行激励。

第二，工作成就感。其包括价值成就感和荣誉成就感，荣誉作为成就和贡献的集中体现同时也侧面反映荣誉获得者自身的价值。本书调研数据显示，在"您认为在本岗位最有价值感与成就感的是……"多选题的回答中，教师们集中选择"学生对我的工作评价高""与同事、领导、学生的关系融洽""教师职业信念强"三个选项。由此验证，民办高校教师作为高知群体，对工作价值的追求不止于物质激励，还追求更深层次的价值实现，作为高校管理者可以对其多从正面表扬、嘉奖、鼓励、授予荣誉称号等方面切入来进行工作成就感激励。

第三，工作责任感。其包括对职位权责的使用和履行、参与民主管理和决策。德鲁克认为："员工不能由别人激励，而只能由自己来激励；不能由别人来指挥，只能由自己来指挥，尤其是不能由别人来监督，而只能自己来保证自己的标准、成绩、目标。"因此，在教师教育教学活动中，校方领导者要适当放权，给予教师群体自主的工作空间和工作自主权，委以重任，提高教师在管理中的参与程度，有助于激活其在自我管理和自我激励下产生的最大化潜能，从而创造效益。

第四，加持个人发展提升。其包括培训、进修、职业生涯指导。本书调研数据显示，针对"学校为教师提供的进修、培训的频率"问题，25.85%的教师认为频率低，26.72%的教师认为频率较低，认为频率高的教师仅1.72%。现代社会日新月异，对教师人力资源的"选、育、用、留"要保持与高校同频发展，就必须保证教师队伍具备长期竞争力以免被时代淘汰。为教师群体提供生涯发展帮助，包括分类开发培训、进修访学促进交流、个性化的职业生涯指导服务，以此满足员工追求事业进一步成功的需求，也满足高校绩效稳步提高的需求。

（3）环境

环境可以分为宏观环境与微观环境，宏观环境是指组织环境，包括企业文化、企业价值观、企业管理模式和相关制度、企业文化的物质体现如徽章、企业文创等。在"您认为您与学校的价值观契合度高"这一问题的回答中，45.69%的教师选择较同意，18.97%的教师选择完全同意，这说明被调教师群体对就职学校的价值观多数持认同态度，而企业文化也对员工起到潜移默化的作用。微观环境是指工作环境，包括工作场所的物理和自然环境、工作中的人际关系、弹性的工作时间等。其中优越舒适的自然物理环境带来身心的愉悦与放松，人际关系的和谐互助增加员工工作满意度和组织黏性，弹性的工作时间一定程度上有助于维护工作与家庭的平衡。本书调研数据显示，在"您在选择入职本校时，看重学校的哪些方面"这一问题的回答中，43.1%的教师选择了"和谐宽松的工作氛围"，由此可见优良的工作环境有助于提高高校对于教师就职的吸引力。

6.2　民办高校紧缺人才"年薪制"

6.2.1　年薪制的内涵

年薪制是一种有别于大家熟悉的以一定标准按月发放薪酬的月薪制，具有特定的内涵和独有形式。年薪制是以年为单位计算收益报酬的一种分配制度，主要由基本年薪和风险收入两部分组成，是一种绩效与薪酬直接挂钩的高风险薪酬制度。年薪制随着现代企业制度的发展而产生，随着公司规模的不断扩大，所有权和控制权逐渐分离，形成了专业的经理人队伍，为了对掌握经营权的经理人形成有效激励和约束，便产生了年薪制。

年薪制[①]有广义和狭义之分，狭义的年薪制是以年度为单位确定经营者的基本收入，即视其生产经营成果确定效益收入的工资制度。年薪的内

---

① 张奇伟，刘婉华，姜云君，等. 探索年薪制推进高校收入分配机制改革 [J]. 中国高等教育，2011（11）：18-20，26.

涵指经营者的基本工资收入和风险收入等直接货币性收入。广义年薪制是通过多种收入调节手段，实现对经营者有效激励和约束的一种报酬机制。年薪的内涵为经营者所取得的全部经济收入，包括直接货币性收入和间接货币性收益，如社会保险职工福利、职位消费等。高校中对年薪制内涵的界定并不明确，这也是年薪制实施过程中出现问题的原因之一。

年薪制作为一种收入分配方式，本质是一种动态激励。它一般以一个经营周期（通常为一年）为单位，薪酬水平与工作责任决策风险和组织绩效挂钩，固定收入与浮动收入相结合。它不只是面向过去，而是面向未来；不简单地依据过去的业绩，更取决于雇员所具备的能力和贡献潜力；不是短期行为，而是长期过程。

6.2.2　年薪制在高校中的推广和实践

20 世纪 90 年代后期（特别是 1999 年），已有个别高校对本校的部分人员实施了年薪制。到了 21 世纪，高校之间的人才竞争愈演愈烈，为了增强高校薪酬对高层次人才的吸引力，越来越多的高校开始尝试年薪制。如今，高层次人才年薪水平越来越成为影响高层次人才流动的最主要因素。2006 年 7 月，国家对事业单位工作人员实施了新中国成立以来的第四次工资制度改革，人力资源和社会保障部《关于印发事业单位工作人员收入分配制度改革方案的通知》要求"采取一次性重奖以及以协议工资等灵活多样的分配形式和办法，逐步完善高层次人才分配激励机制"，这条政策为高校实施高层次人才年薪寻得了一种宽泛意义的政策支持。2017 年 3 月 31 日，教育部等五部门发布的《关于深化高等教育领域简政放权放管结合优化服务改革的若干意见》（教政法〔2017〕7 号）中第（十）条明确"高校在核定的绩效工资总量内可采取年薪制、协议工资、项目工资等灵活多样的分配形式和分配办法"，这为高校实施年薪制找到了更加明确的政策支持。2020 年，人力资源社会保障部组织实施人才服务专项行动，推进高校、科研院所薪酬制度改革，落实高层次人才工资分配激励政策，鼓励事业单位对高层次人才实行年薪制、协议工资制、项目工资等灵活多样的分配形式。

6.2.3 民办高校年薪制的应用设计

6.2.3.1 明确实行年薪制的目的

在现行年薪制的各大高校中，年薪制主要是作为现有薪酬分配制度的有效补充而存在的。公认其作用在于增强高校的同业薪酬竞争力和对紧缺人才的吸引力、与国际高校教师的薪酬制度接轨便于吸纳国外优秀教师[①]。而笔者认为，实行年薪制的目的更在于助力民办高校整体发展战略的实现，一方面外引紧缺人才，另一方面通过制定合理健全的年薪制运行体系，调整传统分配制度与特殊人才不匹配的矛盾，最大限度地发挥年薪制教师的创造性，激励他们培养创新人才、产生创新性成果，紧密维系紧缺人才与高校"同呼吸，共命运"的合作关系，从而促进高校稳定培养高黏性有特色的师资队伍。

6.2.3.2 界定高校年薪制的构成与标准

年薪＝基本年薪+业绩年薪。基本年薪主要以岗位职责和个人业务水平为衡量标准。业绩年薪是体现教师完成工作的质量、数量和其他贡献对学校办学效益的积极影响程度。就年薪制本体而言，其薪酬水平既要保证支出成本的可承受性，又要具备促进竞争和强化激励的效力；其薪酬结构的比例分配既要满足教师基础生活刚需，又要把握激励对教师起到的满意度，若基本年薪比例过高，已达到期望的满意度，那么业绩年薪对其的激励作用就小了。与现行传统分配制度并行而言，由于现存薪酬分配制度涉及的教师人数比重大，为缓解紧缺人才年薪制可能引起的内部矛盾，应该与传统薪酬分配制度温和衔接，尊重教师人才崇尚公平的同时体现合理的差异，保持年薪制对紧缺人才的吸引力。可以试行将传统薪酬分配制度中的岗位工资、薪级工资等基础性薪酬部分作为基本年薪的组成部分；再将传统薪酬分配制度当中的绩效工资和津贴补助等非基础性薪酬部分作为业绩年薪的组成部分，并将年薪总额的标准制定与当地消费水平相联系。比如针对教师群体就业同时最刚需的"住房"问题，提供特殊项补助，这不仅简便易行还具有说服力。

---

① 孙广福. 高校年薪制案例分析与思考 [J]. 高等工程教育研究，2006 (4)：89-91.

6.2.3.3　适用于年薪制的紧缺人才的必备条件

首先，从民办高校的这一性质和承担的社会责任着手，明确"紧缺人才"的具体内涵及评定标准。高校有别于研究型高校，本科教育致力于培养具有较强社会适应能力和竞争能力的高素质人才。这侧面反映教师队伍紧缺人才应具备以下基本条件：理论教学与实践经验并重；具备先进的教学理念和以学生为中心的教育思想；能够挖掘学生潜能，因材施教，灵活开展教学活动并利用各类资源提高学生素质与技能创新能力等。

6.2.3.4　年薪制考核办法与原则

遵循年薪制考核办法和原则[①]是高校年薪制发挥预期作用并能够长期实行的关键。其包括：

（1）战略性原则

年薪制适用于紧缺人才，其目的之一在于引导特殊人才教师队伍的工作重点与本校战略目标重点相一致，因此其考核内容和指标重点与传统薪酬分配制度下的考核内容有较大差异。不必面面俱到，侧重对教师在教学育人和创新性成果贡献两方面的考核，重输出质量而不是数量。

（2）专业分类化原则

按照《关于深化职称制度改革的意见》的要求，客观考核评价并肯定年薪制紧缺人才教师的专业特长，实施分类考核，分类培养。引导鼓励教师聚焦本专业特长，深入开展创新性工作。这不仅帮助教师各展所长，纵深发展，而且有利于学校分级、分类管理教师队伍，优化调整人力资源布局。

（3）风险收入挂钩原则

由于人才资源的弱稳定性，对实施年薪制的紧缺人才的考核制度应与风险收入挂钩，进而形成约束与激励。对于努力工作、积极完成职责目标任务，甚至超额贡献业绩的教师，以提高其年度风险收入的方式予以激励；对于非自然或客观因素造成的业绩不达标的教师，以降低其年度风险收入的方式予以惩戒。在职级方面实行合格续聘原级，不合格降级直至淘汰的政策。需要注意的是，这一奖惩机制的评定全过程是开放式的，即允许全体教师发表意见，提供反馈，保证申诉渠道的畅通和公平。

---

① 陈志琴. 我国高校年薪制改革初探 [J]. 江苏高教，2003（5）：125-126.

6.3 民办高校教师培训优化设计

6.3.1 民办高校教师培训现存问题[①]

6.3.1.1 培训认知

现阶段，高校对于教师培训的重要性认知不足，对于办学时间不长的学校，对教师的需求仍以"刚需"为主，即以满足课堂教学任务为主。在办学头几年，引进大量年轻教师。虽然大部分高校近年来教师队伍日趋稳定，但出于成本因素的考虑，对教师培训的投入仍然有限。

由于民办高校教师的流动性较强，尤其是青年教师，都渴望到更好的地区或进入公办高校发展，有些青年教师为了能享受"铁饭碗"带来的福利，宁可去有编制的职业技术类院校，也不愿留在民办本科院校。这些客观存在的因素制约了民办高校人力资本投资收益，也让民办高校决策层对教师培训工作望而却步。

6.3.1.2 培训内容与模式

（1）培训机会受限制

笔者对学校案例进行分析之后，大部分的教师认为参加校外培训、研讨会、学术会的机会和名额比较少，有些培训的针对性不强，效果并不好。与此同时，部分教师以学校为"跳板"的现象十分突出，激励制度无法真正落实。

（2）培训次数较少

导致这种情况出现的很大一部分原因是学校的财力有限。学校的学费收入及其他收入不仅要考虑基础设施的建设投入，还要考虑教师的工资待遇支出，能够留给用于教师培训的经费就非常有限了，让学校拿出大量的经费来增加培训的次数也不太现实。

（3）培训的形式较为单一

除岗前培训注重形式之外，教师入职后基本就以网上培训为主了，这

---

① 陶信伟. SY 学院教师培训体系的优化研究 [D]. 海口：海南大学，2018.

其实有两个方面的原因：一方面学校管理层对教师培训的重视程度不够；另一方面还是要回归到成本问题上来，举办多样化的培训、邀请专家等均须列支一定的费用，这又大大削弱了学校在培训方面投入的积极性，故而学校往往就采用了网络培训、校内交流等形式单一、成本费用较低的培训模式。

（4）培训的针对性不强

学校经常以大会培训、统一培训等方式对教师进行系统性的培训，这样做当然也有一定好处，但是高校是自由的学术交流之地，而老师则是思想的引领者、探索者，故而不同学科、不同层次的教师有不同的培训需求，但是培训组织者在深入调研教师的差异化培训的需求方面做的工作明显是不能让专职教师满意的。

（5）培训内容与需求存在差异

教师普遍对现有培训的内容设计不太满意，认为其与自身的培训需求存在较大差异。这种现象存在的原因是多方面的：首先，学校对教师培训工作的重视不足是培训内容丰富性、针对性匮乏的主要原因。众所周知，高校行政工作具有一定的惯性，即对于常规工作会按照以往的工作惯例去执行，不太愿意推陈出新，民办高校教师培训工作亦是如此。其次，由于民办高校受办学经费的限制，在人力资本的投入上是追求效益最大化的。在这样的背景下，一个普通的民办高校行政管理人员常承担多个角色，工作强度远超公办高校。因此，当面对大量的日常工作时，常常疲于应对，缺乏对工作进行调查研究的环节。丰富的培训内容意味着更多的人力、物力、财力投入，而投入有限对民办高校而言是一个不容回避的问题。

6.3.1.3 培训保障

培训的保障措施不仅包括培训场地，培训中使用的计算机、空调等硬件设施，还包括培训师资水平、培训管理制度等软件设施。

从民办高校现有情况来看，校内的各项教学硬件设施比较齐全，完全能够满足教师日常校内培训的需要，然而，在一些培训软件设施还比较欠缺，须在今后的工作中逐步完善。部分学校现有的各种培训制度主要是为了应对当前教师队伍建设而提出来的，有的还只是为了解决某个实际工作问题而临时制定的管理办法，因此培训制度缺乏系统性、连续性，尤其针对培训过程的管理制度还不健全，无法为教师培训提供全过程有效保障。

6.3.2　民办高校教师培训优化措施[①]

6.3.2.1　建立培训体系目标

在学习型组织理论的指导下，培训体系设计应包括总体目标和具体目标两个部分。在总体目标部分，教师培训体系要支持并服务于学校核心竞争力和大学文化建设。在具体目标部分，教师培训体系要促进教师职业发展，帮助教师树立正确的职业观，提高团队学习、主动学习的能力，以培训改善学校整体办学层次，提升教师整体素质，使学校和教师在培训工作中实现双赢。

6.3.2.2　柔性化培训理念

要想有效提高教师培训的效果，要打破原有传统培训观念，使每位参训人员都能自主地参与到培训活动中，提高其独立处理问题的水平。

以严苛的规章制度进行管理的传统方式已无法适应现在的培训需求，须采用更加柔性化的管理模式充分发挥"人尽其才，物尽其用"的机制，使教师在培训中不仅能获得知识技能，而且能体验到一种舒适、轻松的培训环境。根据学习型组织理论的观点，在这种柔性的管理氛围中，参训人员的内在潜力和对工作的主动性、创造性会被激发出来，使教师能够全身地投入培训活动中。这种柔性化管理模式将会为教师改善心智，进而实现自我超越创造良好的外部培训环境。

6.3.2.3　培训激励

一是将学校发展规划与专职教师的重点培养有机结合起来，民办高校想要真正得到社会的认可，就一定要做到办学有特色、研究有成果、学校有活力，要达到这个目的，加强年轻专职教师的培训是必不可少的，年轻教师是学校长远发展的根本动力源。在具体实践中这也是有效的，年轻教师思想有广度、教学有激情，更能够引领学校的办学水平更上一层楼，而他们对于自身教学水平及学术研究水平的提升是更为迫切的，故而须加强对年轻教师的全方位培训，让他们感受到学校的重视，与他们一起打造学校更加美好的未来。当然在重点培训年轻教师的同时也不能忽略整体培训

[①]　陶信伟. SY 学院教师培训体系的优化研究 [D]. 海口：海南大学，2018.

的重要性，立足当下才能谋划未来。

二是培训的目的一定要明确，这就需要学校在不同时期调研不同教师的培训需求，制订合理的培训计划，尽量满足不同教师的不同培训要求。当然学校在这个过程中也应该挑选重点，因为民办高校能够用于培训教师的经费是有限的，须将培训重点放在教师迫切需要的、符合学校长远发展的方向上。至于一些小众的、少数教师需求，也不能置之不理，因为那会极大损害这一部分教师的自尊心及工作积极性，学校可以通过网络课程、与其他学校联合培训等方式来满足他们的需求。

三是培训一定要有效果，不能培训前和培训后情况没有改善，培训前是否收集了教师的重点问题、是否对培训的课件进行了精益求精的筛选、是否考虑到教师的时间安排、培训过程是否具备较强的专业性、是否兼备一定的趣味性、是否运用了讲演结合等多种方式、培训效果是否达到了预期甚至超过了预期、是否有后续相关深入问题的反馈、是否将培训内容运用到了日常的教学实践中等，这都是培训组织者须全面考虑的。因为学校动用有限资源组织培训非常不易，所以培训效果一定要有所体现。

6.3.2.4 形成多元化的培训模式

学校应该每年年初制定教师年度培训与进修规划，给教师提供不断发展的、有挑战性的工作，充分发挥教师潜能。对新入职的教师，可采取"传帮带""老带新"的方式，搭建成长型团队，让教师能够进行交流、相互依存、行为连通的体系，完善的指导团队的不足并且克服困难，更加优化科研能力以及教学水平。

6.3.2.5 培训保障优化

（1）培训计划的实施

培训计划的实施环节就是将设计的培训方案付诸行动，让学员通过此环节获得相应的知识技能，从而达到组织预先设定的培训目标。

（2）建立培训评估反馈

教师培训评估是衡量教师培训质量的有效途径，也是提升教师培训管理水平的重要方式。目前常用的方式就是运用柯克帕特里克（Kirkpatrick）四层评估模式，具体包括反应层评估、学习层评估、行为层评估及结果层评估。

7 民办高校教师发展的载体——教师发展中心

高校教师发展中心作为促进教师发展的支持性机构，在教师培训、教学研究、咨询服务、教师成长和资源整合方面提供了重要支撑。虽然本书研究的是民办高校的教师发展，但因为公办高校教师发展中心建设的时间更早、功能更完善，中心任务和职责划分明确且全面，因此对于民办高校如何促进教师发展有一定的借鉴作用。

7.1 四川省公办高校教师发展中心案例

7.1.1 四川大学教师教学发展中心

7.1.1.1 中心简介

四川大学教师教学发展中心在筹备之际即瞄准世界一流、密切结合本国、本校实际，于2010年成立，2011年6月正式挂牌。该中心先后获批成为全国30个"十二五"国家级教师教学发展示范中心之一、省级教师教学示范中心之一。

四川大学教师教学发展中心关注世界高等教育发展动态，努力创新人才培养理念，着力推动本科教育教学改革，积极营造良好教学文化氛围，举办了丰富多样的交流、研讨暨培训，在推广教学教改成果和现代教学技术、服务区域高等教育方面进行了积极的探索，有力地支撑了四川大学

"以学为中心"的教育教学改革创新，得到教育主管部门和同行们的广泛好评①。

7.1.1.2　中心任务

四川大学高度重视新形势下师资队伍专业化发展、教学能力提升，教师教学发展中心以"营造教学文化氛围、创新人才培养理念、提升教师教学水平、培育教研教改成果、推广现代教育技术、服务区域高等育"为工作宗旨，发挥"引擎"作用，联动全校各部门、院系、专家，合力提升教师投入教研教改、教学创新的内在动力。2012年10月，中心获批全国首批国家级教师教学发展示范中心。中心实施"氛围营造+政策激励+人性服务+教学社区建设"系统工程，激发并强化教师教学创新内在动力，构建起教师教学发展长效机制，着力打造"师德高尚、学术卓越、教学优秀"的师资队伍，强力支撑一流本科建设和一流人才培养。

7.1.1.3　职能模块

（1）培训与研讨

本科教育质量提升的关键在于教师，提升教师教学能力培训是重中之重的工作，核心就是要以教师发展和教育智能化促进探究式深度学习。中心提出一系列培训与研讨活动，比如本科教育创新大讲堂、教学策略系列研讨培训、新教师教学能力培训、教学主题沙龙、以学为中心的教育系列研讨会、全英语授课教师教学发展项目、"教学能力发展月"系列活动、班主任胜任力培训等。

（2）教学竞赛

为推广优秀的教学方法、模式和经验，中心举办了"探究式—小班化"竞赛、青年教师教学竞赛、"大学数学"教师教学竞赛、"大学英语"教师教学竞赛等，并且提供了"探究式—小班化"的教学改革示范。

（3）教学研究

为加快推进教育与新兴技术相结合等，中心开展了探索性教学创新和持续性教学改革，以提升教学质量和人才培养水平，实施了"985工程"建设项目—本科"323+X"创新人才培养计划。

---

① 四川大学. 四川大学教师发展中心简介［EB/OL］.（2018－06－14）［2023－06－03］. https://cta.scu.edu.cn/article/199/199_1.htm.

随着科学技术的飞速发展、互联网络的广泛普及，学生的学习方式持续变革。为进一步满足新时代发展的需求，并引领未来教育发展，鼓励教师转变教育教学理念、创新人才培养模式、研究新教学方法、改进教学工具和内容，推进优质教育资源共享、构建数字化、个性化、专业化教学体系。

（4）教学资源推荐

为给教师们提供改善教学方法的理论基础，中心不时地推荐好书，让教师反思审视自身问题，找到改善自己学习和教学的切入点，并且提供相关国内高校教师发展中心的相关链接以供参考。

（5）教学创客中心

四川大学教师教学发展中心组织的形式多样、内容丰富的系列研讨培训活动逐步汇聚了一大批热爱教学、潜心人才培养的骨干教师，成立了"教学俱乐部"，并逐渐发展建构起虚实结合的教学社区，在此基础上，筹备成立了"教学创客中心"。

中心以"碰撞、创意、孵化、引领"为宗旨，以激发和强化教师的教学创新意识和能力，推动面向未来的研究、开创和推广有创意的教学、有创造力的教育为目标，实现新教学思想的交流碰撞、新教学方法的创意研究、新教学模式的观摩研讨、未来教育技术及成果的孵化推广四大功能。

7.1.2 四川师范大学教师教学发展中心

7.1.2.1 中心简介

四川师范大学教师教学发展中心是四川省教育厅首批"十二五"省级教师教学发展示范中心（建设单位）。中心集"教师培训、教学咨询、教学改革、质量评价"于一体，是促进学校教师教学发展的专门机构。

中心秉承"教学与学术并重、系统培训与自主发展并举"的理念，整合校内外优质资源，着力通过教学活动观摩和比赛、技能培训、教学改革研究、优质教学资源建设、国外考察与教研资助等举措，促进青年教师从新手向熟手乃至专家型教师提升，发挥他们在教育教学工作上的创造性。

中心以教师培训为重点，通过举办新任教师教学入门培训、青年讲师教学能力提升培训等，推进广大青年教师钻研教学技能，提高业务素质和教学能力。中心竭力为全校青年教师提供教学交流平台，促进教学反思与教学创新，为提升教学质量提供有力保障。

中心以教学研究为核心，组织全校一线教师开展教改研究，探索教育教学的普遍规律和学科专业教学特点，创新学校教学文化，形成有益于人才培养的优良教风，为学校教育教学改革注入可持续发展的力量。

中心强化教学咨询和示范功能，精心培育教学梯队，发挥教学名师的"传帮带"作用，采用老教师、中年教师与青年教师结对的方式，使青年教师有机会得到名师的亲授点拨，加快青年教师的专业成长，实现人才强校战略。

7.1.2.2 中心任务

中心秉承"教学与学术并重、系统培训与自主发展并举"的理念，以提升教师业务水平和教学能力为重点，完善教师教学发展机制，推进教师培训、教学咨询、教学研究、教学评估、资源建设和特色项目等工作的常态化、制度化和规范化，建设高素质教师队伍，在区域内发挥教师教学能力培训与发展的示范、辐射、引领作用。中心的主要任务如下：

（1）构建多方协同建设机制

中心整合校内软硬件资源，形成学校牵头、职能部门协作、教学单位共建的建设机制，为教师教学能力提升提供保障。

（2）开展教师培训

教师培训惠及各发展阶段教师，促进教师更新教学观念、掌握必要的教育技术和教学技能、提高教学能力。中心对新任教师进行基本职业技能的教学入门培训；对青年讲师进行具有自我发展意义的教学能力提升培训；对青年（副）教授则帮助他们总结、凝练教学方法和教学理论，为学校打造真正的卓越教师。中心采取"教师到企事业单位一线顶岗锻炼"等15项措施和"经费支持"等9项保障措施，组织开展全校教师"教学大练兵"活动，开展全校青年教师赛课，组织"精彩一课"示范展示，提升教师教学能力和水平，并通过示范引领，引导教师全面发展。

（3）开展教学咨询服务

通过完善名师工作坊、教学沙龙、青年教师导师制、开发教师在线咨询系统等，不断完善咨询服务机制、提高咨询服务质量，面向学校全体教师，重点是新进教师、中青年教师和公共基础课教师提供教学咨询服务，以满足学校特色化人才培养和教师个性化专业发展的需要。

（4）开展教学改革研究和交流

中心通过加大教改指导力度和推广力度，借鉴国内外先进的教育教学理念、成功经验和有效做法，着重研究公共基础课和核心课程的教学内容更新、教学方法改革、教学模式创新；促进教师更新教学理念，掌握必要的现代教育技术，改进教学策略与技巧，提高教学能力；营造重视和研究教学的氛围，建设具有学校特色的教学文化；推广教学改革实践经验和成果，促进教学质量持续提高。

（5）开展教学质量评估

中心会同校内有关部门，加强对教师特别是中青年教师的业务水平、教学能力、教学效果等考核、检查、评估和交流，确保教学改革卓有成效、教学质量不断提升。完善教学考核办法，实施分类分层考核。按照不同环节的教学实际和不同类型的教师特点，分为 3 种类型、11 个层级和 3 大方面，在 25 个具体项目上，全过程、个性化地进行教学考核；建立"教师考核与专业成长管理系统"，支持教师专业发展。对全校每位教师的各项教学和教书育人工作进行实时、全面记载，帮助教师总结优势和认识不足。同时，中心将教学评估与教学激励相结合，鼓励教师不断提升教学水平。

（6）提供优质教学资源和服务

中心汇聚学校教学名师、优秀教师等高水平师资，集成校内优质教学资源，形成共享机制，为提高教师业务水平和教学能力实施全方位服务。中心通过名师指导、一对一帮扶、"精彩一课"示范课开展等方式，加强优秀教师优质教学经验的推广应用，形成示范效应，带动全体教师教学能力的不断提升。

（7）加强示范推广与交流

中心积极组织同类院校教师教学发展中心管理人员培训；开展教师教学发展中心建设实践研究；组织开展同类高校有关领域的骨干教师培训工作；为同类高校开展师资培训提供优质教学资源和特色办学经验，发挥"中心"的示范、辐射、引领作用。

（8）强化特色建设

中心充分发挥学校教师教育传统和综合学科优势，在区域教师教育队伍建设和区域高职院校队伍建设中发挥示范带动作用，努力成为区域性教师教育队伍和"双师型"队伍建设高地。

7.1.2.3　职能模块

（1）教师培训

中心为深入贯彻落实中共中央、国务院关于教师队伍建设的重要决策部署和全国教育大会精神，进一步提升新任教师教育教学能力，引导教师钻研教学基本功，加强教师教学交流，学校开展了针对不同教师的培训活动，如教学入门培训、骨干教师培训、卓越教师培训和其他赴外培训。

（2）教学交流

中心继续推进信息技术与教育教学的深度融合，全面提升教学质量，通过研讨促进教学思想碰撞、教学经验分享、教学反思常态化，学校设计开展了一系列教学交流工作，如教学工作坊、教学沙龙、云耕讲坛和精彩一课等。

（3）教学竞赛

中心为加强师资队伍建设，切实提高教师业务水平，大力推进教学创新，不断提高教学质量，学校举办了一系列教学竞赛，包括校级竞赛、省级竞赛和国家级竞赛。

（4）教学资源

为更好地满足教师的教学需要和学习需求，促进教师的迅速成长，中心为教师提供了充足的教学资源，包括推荐好书、上传精彩视频和提供理论前沿等。同时中心提供了国内外相关高校教师发展中心的相关网络链接以供参考。

7.1.3　西南财经大学教师教学发展中心

7.1.3.1　中心简介

西南财经大学教师教学发展中心坚持以"为教师教学发展搭建平台，为学校教学卓越提供支撑"的工作目标，秉承"学术为引领，发展为内核，文化为基底，卓越为目标"的工作理念，遵循"理念引领、改革推进、训评互动"的工作思路和"教学评估发现问题、教学研究分析问题、教学训练解决问题"的工作模式，开展立体化教学发展活动，促进学校教师在教学领域的全面发展，促进学生学习能力的有效提升。主要工作职能包括以下六个方面：

（1）教师教学训练与咨询

中心针对新老教师、海归与本土教师等不同类型的教师构建"点面结合"的立体化教学训练体系，组建优质稳定的专兼职咨询专家队伍。

（2）教学质量评估与调研

中心构建教师教学多元评价机制；通过对教与学的主体、课程、环境等进行调查，把握教与学动态，为学生、教师、学校提供合理的信息反馈；通过开展教学竞赛、评优评奖类活动促进教学优秀的教师脱颖而出。

（3）教师教学发展研究与改革

中心针对教师教育教学中的实际问题，结合教育教学理论和学科专业特点开展专项研究，进一步为教师的专业发展和实际问题的解决提供理论基础，同时对教师发展活动的总体规划和设计提供理论支持。

（4）现代教育技术支持与资源建设

中心充分发挥现代教育技术对教师教学能力的促进、改造、提升作用，帮助和促进教师有效利用现代教育技术和网络教学资源，提供多样化优质教学发展资源与资源共享平台。

（5）学生学业指导与促进

中心完善学生学业指导工作服务体系，基于信息化平台和学业指导辅导室等，构建教师辅导、朋辈辅导、校内外专家交流，探索与各教学单位合作进行的专题化、常规化、系列化学生学业指导项目。

（6）示范推广与交流

中心结合教师教学发展成效，积极总结经验，形成系统的可以推广的模式，在校内外进行示范交流，鼓励教师追求教学卓越[①]。

7.1.3.2　中心任务

中心根据高等教育教学的发展规律，结合国家教师教学发展示范中心

---

② 西南财经大学. 西南财经大学教师发展中心简介 [EB/OL]. (2021-08-09) [2023-06-03]. https://cte.swufe.edu.cn/zxjj/bmjs.htm.

建设的具体要求，依据既有的实践和基础，将在工作中突出教育教学研究与改革、教学质量评估与调研、教师教学多维培训与咨询服务、现代教育技术支持与资源建设、示范推广与交流等主要内容。

（1）培训与咨询

中心针对不同发展阶段的教师群体开展教学培训，并结合教师个性特点，创设条件为其提供教学发展帮扶机会，以提高教师教学水平，增强教师的自我教学发展能力。

①专题教学培训与研讨项目：中心围绕大学文化与制度建设、一流人才培养与教学管理、专业主干课程教师培训、教师教学发展能力培训等领域，组织不同系列的专题教学讲座、沙龙、工作或研讨会，让教师了解高等教育教学与学生身心发展的规律，交流教育教学实践经验。

②教学观摩：中心让教师通过走进教学经验丰富的教师课程教学现场，学习观摩教学方法和策略，并让教师们进行相应的交流研讨。

③微格诊断：中心通过对现场的课程教学进行录像，邀请教育学、心理学专家和相应的学科领域教师进行诊断指导，搭建一个全方位的新教师教学诊断、咨询、交流的平台。

④专兼职咨询专家队伍：中心根据学科、专业的特点，分层分类组建高校教师培训师资队伍，组建优质稳定的专兼职咨询专家队伍，打造分类指导体系。

⑤专项教学培训：中心对新进教师、基础课教师等群体进行教学技术和手段、教学设计、课程组织等进行专项培训。

⑥教学培训个性化服务：中心支持教师参加精品课程师资培训、教学团队专项建设等活动，鼓励教师积极学习和借鉴先进教育教学理念、方法。

（2）教学质量评估与调研

中心通过对教与学的主体、课程、环境等进行调查，了解一定时期内教育教学的困境，并将合理的信息反馈给教师和学生，让其把握教与学的动态。

①学生全员评教：中心每学期期末开放学生全员评教系统，收集学生对教师课程教学的评价，并进行深度的学校、学院整体和教师个体评教分析。

②教学环节评估：中心定期就教学大纲、考试试卷、毕业论文、教学文档、实习报告等进行抽样评估检查。

③年终教育教学评估：中心进行每年度的全校教育教学评估工作，评估各教学单位在教育教学工作上的进展。

④教学质量调研：中心就教师教学和学生学习中的一些突出问题，进行专项调研分析，为学校决策提供参考。

⑤教学竞赛活动：中心组织开展青年教师教学竞赛、微课比赛等教学竞赛活动，并提供配套培训服务。

⑥教师教学自主评估：中心为学院、教师自主开展课程教学评估、学生学习调查、学生学业反馈等提供咨询和辅助。

⑦学生学业自主评估：中心针对学生开展学业活动的评估，帮助学生认识自己的学习，改进自己的学习策略。

（3）学业指导（学生学业指导中心）

中心倡导先进的大学学习理念，指导学生建立良好的学习模式，开展学生学习指导项目，系统开展学校学业指导活动。

①专业咨询：专业教师坐诊学生学业指导中心，定期定点为同学提供学习咨询服务。需要咨询的学生亦可向学业指导中心提出申请，中心整合校内专家库，安排相应的专家进行点对点的咨询交流。

②同辈辅导：志愿团队为同学提供学业辅导，开展"英语天堂""数学克星""统计沙龙"等系列活动。

③学业专题讲座：由中心和各教学单位共建，邀请校内外专家、学者就学科专业学习的规律、策略和方法进行集中讲座培训。

④学习资料：中心按照不同的专题编辑系列学习资料，如"如何提高记忆力""如何管理时间"等，学生可在学业指导中心自行取阅。

⑤其他：开展学业主题日活动、学业恳谈会、同辈交流会等。

（4）优质教学资源建设

中心整合与开发校内外优质教学资源，促进教师正确、合理地使用现代教育技术，通过教育技术的更新积极改造课程教学。

①中心优化教师教学发展的网络化教学经验交流与资源共享平台，建立教师教学发展新媒体资源平台，开展线上线下全方位的教师教学指导，

推进分类教学资源系统的信息化建设。

②中心建立现代化的微格教室和多功能的教学研讨室，为教学培训提供基础设施建设。

③中心引进高质量教育教学图书、期刊和网络公开课资源，汇编教育教学资料，通过文本（纸质、电子）、视频等形式提供给教师参考学习。

④中心建立教师教学发展档案、教师教学发展专家档案等数据库。

（5）教师教学发展研究与改革

中心针对教育教学的实际问题，通过学理分析和理论解读，寻求系统解决思路，同时对教师教学发展活动进行顶层设计。

①中心研究高等教育教学理念、教师教育理论和教学技术等，把握高等教育教学的发展规律，为实施教师教学发展提供理论基础。

②中心结合高等教育教学的时代要求和新的变革，设计高校教师教学发展培训项目。

③中心研发教师教学发展所需的专题项目，为教师教学培训提供项目资源支撑。

④中心开展专项调研，分析调研数据，进行深度数据挖掘和研究。

（6）示范推广与交流

中心结合学校教师教学发展成效，积极总结经验，形成系统的可推广模式，在校内外进行示范交流，鼓励教师追求卓越教学。

①中心结合学校的教育发展战略和人才培养目标，协同相关教学，探索教师教学发展的工作机制和内容，形成可推广示范的经验和案例。

②中心围绕教师教学能力提升中取得的实效，组织教师教学发展经验分享会，优化解决思路和方案。

③中心开放优质教学培训资源，培训其他高校的教师教学发展师资队伍，帮助其进行教师教学发展中心的建设。

④中心积极参与国内外高校、高等教育学会等相关组织开展的学术交流活动，学习借鉴其他院校的先进经验。

⑤中心收集国内外高等教育特别是财经类大学的教育教师教学发展改革信息。

⑥中心与国内外高校的专家和学者进行教学发展方面的交流，资助专

业教师和教学管理人员进行专项培训学习。

7.1.3.3　职能模块

（1）教师培训

为提高教师素养，中心着眼新晋博士生导师、新进青年教师、新担任班主任（辅导员）青年教师不同类型教师的发展需求，精心设计方案，认真组织实施，围绕党的创新理论学习、学校发展与学科建设、师德师风涵养、形势与政策教育、校史校情教育、专项业务素质提升等内容设置课程，聚焦高校教师必备核心能力开展系统化专题培训，以更好地促进教师思想政治素质、师德师风水平和专业综合能力持续提升全面发展。

（2）教学讲座

为顺应新时期教育形势发展的趋势，引导新教师树立正确的教育观念，培养良好的师德师风，促进新教师对于课堂模式、教学方法、班级管理的理解和运用，增强站稳讲台的专业本领，中心开展了"光华教学论坛"系列讲座活动。

（3）教学观摩

为总结经验、吸取教训，提高教学质量，提高教师的教学水平，中心定期开展"教学观摩"活动，推进课程教学范式深刻转变，促进教育教学创新。

（4）对外交流

为加强学校对外交流和提升教师的综合素质，让其顺应新时代的变迁，中心邀请了其他高校的优秀教师到校为本校的教师做不同主题的专题培训。

7.1.4　西南交通大学教师发展中心

7.1.4.1　中心简介

西南交通大学党委教师工作部（教师发展中心）是负责学校教师思想政治、师德师风、教师培训和教师职业发展等相关工作的二级职能部门。党委教师工作部与教师发展中心合署办公，以"两块牌子、一套人马"模式运行。

部门围绕立德树人根本任务，牢牢把握新时代教师队伍建设改革要求，进一步加强党对高校教师工作的领导，完善教师思想政治和师德师风建设工作体制机制，落实师德师风第一标准，发挥首批国家级教师教学发展示范中心作用，促进教师发展，加快构建思想政治建设、师德师风建设、业务能力建设相互促进的教师队伍建设新格局，为学校打造政治素质过硬、业务能力精湛、育人水平高超的高素质教师队伍提供坚实保障①。

7.1.4.2　中心任务

中心任务如下：

①负责牵头贯彻落实中央和国家、学校党委关于高校教师思想政治工作的决策和部署，制定相关工作规划，开展全校教师的思想政治教育工作，不断提升学校教师思想政治素质。

②负责按照中央和国家有关规定，牵头开展学校的师德师风建设工作，建立健全学校教师职业道德规范，建立健全高校师德建设长效机制。

③负责牵头协调教学科研单位对新入职教师的思想政治、品德学风进行综合考察和把关，开展新入职教师的入职教育、校史校情教育。

④负责开展教师的思想政治、品德学风评价，建立教师档案，协助相关部门把政治标准放在首位贯彻到教师入职、聘岗、培育、考核、晋升等环节。

⑤负责组织开展师资培训。制定全校教师职业发展总体规划、政策文件和全校教师职业培训计划。

⑥负责语言文字相关工作，牵头组织开展实施教师的首开课跟踪培养、教师资格认证相关工作、国际国内培训、教师访学的派出与接收、学历提升等工作。

⑦负责组织开展教学咨询服务。建立与教师职业发展及教学能力培养相关的咨询专家库及信息化平台，面向全体教师提供教学咨询服务，有针对性地提供业务指导。

⑧负责提升教师教学能力、教学效果和促进教师职业发展的各类课程资源建设，形成信息化、开放性与国际化的网络共享机制。

⑨负责发挥示范、辐射、引领作用。积极为区域内高校教师教学发展

---

① 西南交通大学. 西南交通大学教师发展中心简介 [EB/OL]. [2023-06-03]. https://fdc. swjtu.edu.cn/bmgk/bmjj.htm.

中心建设和开展师资培训提供支持服务，组织区域内高校教师教学发展中心工作人员培训，开展其他高校骨干教师职业培训，承担西藏大学等对口高校教师职业发展相关工作。

⑩完成学校交办的其他相关工作。

7.1.4.3　职能板块

（1）机构设置

党委教师工作部（教师发展中心）下设思政与师德师风建设科、教育培训及教学评价科和综合事务科。三科室职责如下：

①思政与师德师风建设科职责。

A. 聚焦立德树人根本任务，牵头拟定教师思想政治和师德师风建设相关规章制度和工作规划，推进实施教育培训、评优树典、底线约束、考核评价和监督检查的"五维并进"举措。

B. 承担教师思想政治和师德师风教育、师德考核评价、教师激励与师德失范处理等教师工作的统筹协调、落实和监督。

C. 承担师德专题教育、全国思政类教材使用培训等重要事项的校内组织工作。

D. 重点组织新入职教师专题教育、"师德师风大讲堂"、课程思政建设研讨班等品牌活动，强化思想引领和师德培育。

E. 负责师德典型选树，做好事迹宣传报道，通过教师节等重要节点进行表彰，讲好新时代师德师风故事。

F. 负责各类国家级、省部级优秀教师团队和教师个人荣誉的校内遴选申报工作。

G. 多渠道落实《新时代高校教师职业行为十项准则》和师德警示教育等内容的宣贯，筑牢师德底线。

H. 建立校院两级工作台账及违规通报警示制度，及时妥善处理师德失范行为。

I. 严把教师入职考察，逐步完善校院两级审核把关体系。

J. 落实师德第一标准，组织年度教师师德考核，在各项工作中强化师德考核评价。

K. 建立教师思政和师德师风建设工作半年报告制度，落实督导检查，工作成效纳入年度党建考核和校内巡察观测点。

L. 建强二级党组织师德师风建设工作小组，确保相关工作落地落实。

M. 负责教师资格认证等与教师相关的服务性工作。

N. 完成各项上级主管部门和领导交办的临时任务，配合相关部门做好各项专项工作。

②教育培训及教学评价科职责。

A. 负责开展教师培训。制定全校教师职业发展总体规划、政策文件和培训计划，促进教师更新教学理念、掌握必要的教育技术和教学技能、提高教学能力。

B. 牵头组织实施教师的首次开课跟踪培养。

C. 负责开展教学能力提升专项研修及其他国内培训工作。

D. 负责开展研究生助教培训及相关工作。

E. 负责开展教师教学水平、教学能力、教学效果等的考核、评价；为专业技术职务评聘工作提供教师教学能力评价。

F. 配合学校有关部门，开展学校青年教师教学竞赛及参加全省全国的教学竞赛。

G. 负责促进教师职业发展的各类课程资源建设，形成信息化、开放性与国际化的网络共享机制。

H. 负责为学校教师提供教学咨询服务，满足本校特色化人才培养和教师个性化专业发展的需要。

I. 积极为区域内高校教师教学发展中心建设和开展师资培训提供支持服务，组织区域内教师教学发展中心工作人员培训；开展区域内高校骨干教师培训工作；承担西藏大学等对口高校教师职业发展相关工作。

J. 负责国内其他高校教师到学校访学进修等相关工作。

③综合事务科工作职责。

A. 负责语言文字相关工作。

B. 负责全校教师出国研修、访学、培训，学历提升等工作。

C. 协助部长完成行政事业经费的年度预算编制、财务报销、酬金申报等财务管理工作。

D. 负责内部会议的组织、记录、纪要工作，内部文件、信函、资料的收发、登记、归档等工作，各类会议、培训相关保障工作。

E. 负责固定资产、公章的使用与管理，处理部内日常事务。

F. 负责部内保密相关工作。

G. 负责对外联络服务工作。

（2）思政与师德

①教师思政工作。

深入贯彻落实党的二十大精神，落实立德树人根本任务，大力推动以"课程思政"为目标的课堂教学改革，使教育教学更有温度、思想引领更有力度、立德树人更有效度，进一步探索课程思政"交大模式"，在教师思政工作方面开展了大量讲座、研讨。专题报告、专题研讨、课题立项等多种形式的活动帮助参研老师梳理各门专业课程所蕴含的思想政治教育元素和所承载的思想政治教育功能，融思政内容于课堂教学各环节，助力实现思想政治教育与知识体系教育的有机统一。

②师德专题教育。

为深入贯彻落实全国高校思想政治工作会议精神，进一步加强学校教师思想政治和师德师风建设工作，全面提升教师思想政治素质和职业道德水平，由党委教师工作部（教师发展中心）牵头，相关职能部门配合开展了一系列新教师"立德树人、做'四有'好老师"的大讲堂专题教育。

③新入职教师培训。

为进一步加强教师队伍建设，传递育人初心、传承教育信仰、传授教学经验，培养新入职教师"教书育人"与"科研育人"能力，党委教师工作部（教师发展中心）在校多次组织开展"开学第一课"——新入职教师专题教育系列讲座等系列活动。

④师德典型选树。

为表彰优秀教师，发挥示范指导作用，学校开展专栏展示师德典型人才。

⑤师德考核评价。

根据《关于加强和改进新时代师德师风建设的意见》的相关要求，学校每年都会开展政治表现、师德师风、遵纪守法、管理服务等方面的思想政治与师德师风综合考评。

⑥师德警示教育。

为深入贯彻落实教师职业行为十项准则要求、加强教师思想政治和师德师风建设工作，始终保持严的标准，对师德违规问题"零容忍"，学校设置专栏，提供转自教育部发表的教师失德的案例，加强警示教育，强化责任意识，对落实不到位的进行严肃追责问责，构筑良好的师德师风建设氛围。

⑦教师资格管理。

为完善学校教师资格认证，学校每年都会出台相关认证通知，里面附有认证流程和相关事项，旨在帮助学校教师完成相关资格认证。

⑧调研交流。

为了学习交流教师思政与师德师风建设、教师发展培训、教育教学等方面的经验，学校加强了校内校外的学习交流，开展了一系列座谈交流会。

（3）教师发展

高校教学改革改到深处是课程，改到痛处是教师，为精进课堂教学、提高教学技巧，学校开展了系列首开课教师培训；为激发教师对教学更深层次的热爱，推动教育教学高质量发展，学校开展了系列关于教师教学能力提升的研修班；为进一步提升教师学术和科研能力和基金申报水平，举办了系列"教师发展——科研能力提升"系列研习讲座和"教师发展——云端讲坛"；为提升教师教学竞赛水平，学校开展了系列教学竞赛表彰活动和专题教育学习；为深化学校课堂教学评价，学校开展了系列职称评审的相关工作；为提升教师素质，学校开展了系列"教师发展师"活动，提升教师个人形象和深化教学设计等；为进一步推进学校师德师风建设，落实研究生导师立德树人根本任务和职责，强化研究生导师思想政治和师德师风建设，学校开展了一系列研究生导师的培训会；为充分发挥研究生助教对本科教学的辅助作用，培养研究生的责任意识，增强研究生的实践能力，学校开展了一系列研究生助教的"TA培训"主题培训会；为开展深化教学创新的思考和借鉴，学校开展了一系列教学创新的活动和工作坊；为提升教师教学素养，学校开展了一系列国内外的教师分享会和讲座；参照教育部中西部国内访问学者培养模式，学校开放访学模式，欢迎政治素质好、身体健康的高校教师，一般应是副教授和各推荐学校作为学术骨干培养的优秀讲师到学校进行一般国内访学项目；为展示学校风采，发扬教师魅力，学校开展了一系列赴外访内的交流合作活动；为提升教师的办公素养能力，学校开展了一系列行政能力提升活动。

（4）资源服务

为培养教师各方面的能力和展示优秀教师理念，学校特设置"师说·研修总结"专栏，由不同教师分享各类主题的教学方式。

（5）国际交流

为鼓励教师进一步研修，提升自己的能力，学校开展了"高级访问者""青年教师出国留学""西部人才培养特别项目"等支持教师们的发展。

（6）主题教育

为坚决维护党的领导，贯彻落实党中央的指导思想，推进习近平新时代中国特色社会主义思想深入人心，学校开展了系列红色主题教育。

7.1.5 小结

大学教师教学发展中心的主体功能是促进大学教师的专业发展。基于组织动力结构理论，它充分展示了大学教师教学发展中心需要确立的以教学文化革新为促进大学教师专业发展的原动力；以"学教"发展的理念作为促进大学教师专业发展的驱动力；以教师参与行为提升作为促进大学教师专业发展的能动力[1]。教师发展中心的建立有利于抢占高校发展机遇先机，也有利于提升教师师德修养，更有利于提升教师教学和研究能力[2]。

公办大学教师发展中心建设完善，中心任务和职责划分明确且全面，在各个方面兼顾教师们的发展。

---

① 郝德贤.大学教师教学发展中心的主体功能［J］.高教发展与评估，2023，39（2）：63-70，121-122.

② 莫富荣.高校教师发展中心的发展路径［N］.科学导报，2023-03-14（B02）.

7.2 四川省民办高校教师发展中心案例

教师发展中心在四川民办高校也快速发展，其工作涉及学校的教务处、人事处、教师工作部等多个部门。教师发展中心逐渐成为深化民办高校内涵建设、服务教育强国建设的重要组织力量，肩负起教师培养和发展的重要使命。

7.2.1 四川传媒学院教师发展中心

7.2.1.1 中心简介

四川传媒学院教师发展中心设立的目的在于增强教师归属感，促进教师发展，从而提高人才培养质量，是下设学校人事处的机构①。

7.2.1.2 中心任务

中心主要围绕以下职能开展日常工作：教师培养培训；负责指导教师制定职业发展规划；负责教师培训和新教师入职培训；负责向教学单位反馈教师教学质量情况和改进建议；配合人事处制定师资队伍发展规划；配合人事处开展"双师双能型"教师培养工作；配合人事处开展教师招聘工作；负责组织各类教学竞赛、示范交流活动；负责"教师之家"的建设与管理；完成上级和学校领导交办的其他工作。

（1）教师培养培训

①开展新教师培训工作。制定新教师岗前培训与入职培训办法并组织实施，推行青年教师"导师制"培养办法。

②开展行业技术专项培训。面向全体教师，重点是中青年教师，定期进行专业技能（如业内设备等）培训，增强其专业实践能力。

③开展青年教师教学竞赛活动。以赛促教，促进教师更新教学理念，掌握必要的教育技术和教学技能，提高教学能力。

④开展网络继续教育培训。拓展教师培训通道，发挥网络课程丰富性

---

① 四川传媒学院. 四川传媒学院教师发展中心简介［EB/OL］.［2023-06-03］. https://rsc.scmc.edu.cn/25210/.

优势，提高教师自我提升积极性。

⑤负责指导教师制定职业发展规划。了解教师发展状况，根据教师教学及科研发展实际情况，为教师未来发展制订目标及计划。

（2）教学评估与改革

①负责向教学单位反馈教师教学质量情况和改进建议。配合相关部门建立教学督导、学生、第三方机构相协调的教学评价队伍，组织实施各类与教学相关的评测活动（如线下听课、在线教学诊断），通过教学诊断、教学反思、教学督导等方法，分析诊断教师教学中的问题，并及时进行改进。

②分层推进教学改革研究。针对教师各发展阶段的需求，分别设计研究项目，鼓励教师了解和研究国内外专业动态，积极参加教学改革研究。营造重视和研究教学的氛围，建设具有本校特色的教学文化。

③自身开展教研教改项目。借鉴国内外先进的教育教学理念、成功经验和有效做法，研究公共基础课和核心课程的教学内容更新、教学方法改革、教学模式创新。

④负责组织各类教学竞赛、示范交流活动。以赛课、慕课等方式，以赛促教，提高教师教学水平，促进教师专业能力与授课能力的提升。

（3）营造教师交流平台

①开展线下教学分享会。不定期组织教师线下学习交流等活动（主题既囊括教师沟通技巧、学生课堂参与等传统话题，也包括应用型人才背景下的本科教学改革、产教融合等热点话题等）。

②搭建教师线上交流平台。通过形式多样的网络媒体，如利用"教师之家"的建设与管理，通过微信群、微信公众号、微博等媒介，组织各种在线培训、研讨会、讲座、心得交流、示范指导等活动。

（4）提供教学与发展咨询服务

①开展教学咨询服务。面向学院全体教师，重点为新进教师、中青年教师、公共基础课教师和行业内教师提供教学咨询服务，满足本校特色化人才培养和教师个性化专业发展的需要。

②提供教师个人发展咨询服务。面向学院全体教师，重点为新进教师、中青年教师和行业内教师提供职业发展梳理与向导服务。

（5）提供优质教学资源

①提供优质教学范例。汇聚本校教学名师、优秀教师等师资水平，集成校内优质教学资源，形成共享机制，为提高教师业务水平和教学能力实施全方位服务。

②推行精品示范课。以优秀教师课堂分享的方式，搭建教师交流学习平台，形成示范效应。

（6）其他协同职能

①协同学校人事、教务等行政职能部门。开展"双师双能型"教师培养工作。健全教师教学发展体系，主要涉及师资规划、教师招聘、教师甄选、确定和选聘有能力的教师、教师岗前培训、专业技能再提升和知识更新、职业生涯发展、保有长期高绩效教师（含学术带头人）等八大活动模块。

②协同教学单位、教研室或课程组等教学基层组织，通过组织建设将各方面的力量聚集在一起，为教师教学发展提供组织支撑。

7.2.1.3　职能模块

（1）教师之家

为了丰富学校教职工的业余生活，促进教师之间的交流，增进教职工之间的友谊，增强同事间的沟通与合作，加强学校凝聚力，提高工作效率和教师的积极性，学校开展了一系列"雅集"团建活动，包括烧烤派对、游川博、聚端阳和踏春等丰富的户外活动。

（2）思政和专业学习

在思政方面，为帮助广大教职工学习习近平新时代中国特色社会主义思想，深入研究其重大意义、精神实质和实践要求，全国高校教师网络培训中心开设了习近平新时代中国特色社会主义思想专题数字课程，学校特组织学习该课程。

在专业方面，为提升教师专业水平和美育素养，陶冶情操、温润心灵、激发创新创造活力，树立正确的审美观和良好职业形象，学校在美育和传媒等方面的专业专题讲座和交流会。

（3）精彩一课

课程实践教学可以提高学生的学习兴趣和学习效果，为培养学生的实践能力、解决问题能力，同时为学生提供实践机会和职业发展方向，学校专门开设的"精彩一课"一栏中记录着由四川传媒学院教师亲自带队带领学生参与的实践。这不仅展示出了学生们的专业水平与实践风采，更是展示出了教师们的坚实领导。

（4）超越·培训

为提升学校教师教学水平，创新教学方法，促进教师专业能力与授课能力的提升学校用以赛促教、分享会和专题讲座等的方式提升教师们的全面发展。

（5）师德师风

①制度建设：为规范学校教师职业行为，学校明确了一系列相关制度严格把控教师行为：四川传媒学院师德承诺书、四川传媒学院关于加强师德师风建设的规定、四川传媒学院教师职业行为十项准则、四川传媒学院教师教学行为负面清单、四川传媒学院关于建立健全师德师风建设长效机制的实施意见、四川传媒学院教师教学十不准则、四川传媒学院教师师德失范行为处理办法。

②理论学习：为提升教师理想信念缺失、育人意识和法纪观念，学校发布了教育部相关失信教师案例，以起到警示作用。

③教师风采：为表彰优秀教师，对其他教师起示范带头作用，学校将各位优秀教师单独做专项表彰。

④监督举报：为相互监督，营造一个良好的教书育人环境，防止腐败行为，学校开放监督举报平台，可对不合格教师进行举报。

（6）服务指南

为引导新教职工入职，保障他们的基本权益，学校特开设服务指南专栏，包括入职报到、社会保险住房公积金、OA 系统、校园网、户口、人事档案、工作证明办理、离职离校等相关指南说明。

7.2.2 四川工商学院教师发展中心

7.2.2.1 中心简介

四川工商学院教师发展中心成立于 2017 年，前期挂靠人力资源处实施人才培养培训活动。2021 年 3 月，教师发展中心正式独立运行，中心整合学校各类教师发展资源，构建和实施以"三大工程"为主体，校内、校外相结合，短、中、长期相结合，岗位锻炼与项目驱动相结合的青年教师培养体系，不断提高青年教师的教育教学能力，为建设一支师德高尚、质量优良、结构合理的高素质教师队伍，全面提升学校的核心竞争力，顺利实现"十四五"发展目标提供人力资源支持①。

7.2.2.2 中心任务

（1）基础工程

以培养大学合格教师为目标，实施以入职培训（含师德师风教育）、教师岗前培训、教学基本技能培训、教学基本规范培训、课程思政培训、青年教师导师制6个学校培养平台项目为主体，攻读硕士学位（本科必选）、短周期省内访学交流、短周期省内挂职锻炼、二级双师型教师资格认定、初中级专业（行业）职业资格考证、参与校级以上教学科研与社会服务项目、参与指导学生学科竞赛或大创项目、参加育人工作8个综合支撑培养项目为支撑，学院特色培养项目为补充的新任教师培养"基础工程"，帮助新任教师站稳大学讲台。

（2）提升工程

以培养学科专业骨干教师为目标，实施以教学能力提升研修班、学术能力提升研修班、新教学模式（方法）专题研修班、"一师一精品课程"创建、教研室主任（校级专业带头人、团队院所负责人）岗位锻炼5个学校培养平台项目为主体，攻读博士学位、中周期国内访学交流、中周期国内挂职锻炼、高级专业（行业）职业资格考证、一级双师型教师资格认定、主持校级重点（市厅级一般）以上教学科研或重要社会服务项目、指导省部级以上学科竞赛或大创项目、参与育人工作8个综合支撑培养项目为支撑，学院特色培养项目为补充的骨干教师培养"提升工程"，培养一批具有较强教学科研和社会服务能力，相对比较稳定，能够支撑学校专业发展和公共课程建设的骨干教师队伍。

（3）卓越工程

以培养学科专业领军教师为目标，实施以教学能力高级研修班、学术

---

① 四川工商学院. 四川工商学院教师发展中心［EB/OL］.［2023-06-03］. https://jsfzzx. stbu.edu.cn.

能力高级研修班、创新教学模式（方法）高级研修班、省级国家级一流课程（教学大赛、教学名师）创建、校级学科学术带头人（省部级项目、团队院所负责人）岗位锻炼、高端学术导师培养6个学校培养平台项目为主体，攻读博士学位、长周期国内外一流高校访学交流、长达周期国内外知名企业挂职锻炼、主持省部级以上教学科研与重大社会服务项目、参加一流高校省部级以上项目合作、指导国家级学生学科竞赛与大创项目、指导学生学术研究7个综合支撑培养项目为支撑，学院特色培养项目为补充的领军教师培养"卓越工程"，培养一批具备较强的核心竞争力，获得一定的荣誉，在同类院校中具有一定影响力，能够长期扎根学校，能够支撑一流学科专业建设的学科、学术领军人才。

7.2.2.3 职能模块

（1）培养平台

基础工程：为进一步加强学院青年教师队伍建设，促进青年教师的成长与发展，学校为教师开设了岗前培训、入职教育、返岗教研等主题活动。

提升工程：为提升教师教育教学能力和专业实践能力，促进教师综合素质、专业化水平和创新能力的全面提升，学校开展了一系列不同主题的专题讲座。

（2）项目活动

挂职锻炼：教师发展中心每年安排专项经费，支持50名中青年教师参加赴企事业单位顶岗、挂职培养锻炼等活动。用5年时间使具有实践经验的专兼职教师达到专业课教师总数的比例达60%以上。

国内访学交流：教师发展中心每年安排专项经费，支持20~30名中青年教师参加国内著名高校访学、交流，开阔教师教学科研视野，提高教师教育教学和应用研究能力。

境外访学交流：教师发展中心每年安排专项经费，支持5~10名中青年教师赴境外访学、培训、研修、交流。

攻读学位：教师发展中心每年支持5名以上中青年教师攻读硕士以上学位。

骨干培养：教师发展中心每年支持10~20名教育教学管理骨干赴国内

外名校挂职锻炼、访问、培训、交流等，不断开拓和提升教育教学管理队伍的工作思路、工作效能、业务能力和整体素质。

（3）示范辐射

为继续完善"精彩一课"特色课堂，提高教师教学能力以及丰富教学手段与方法，切实提高课堂教学的实效性和有效性，充分发挥教师们在教学中的引领、示范和榜样作用，学院开设了青年教师示范课、智慧课堂示范课和青年教师教学竞赛专栏学习活动。

（4）监督举报

为落实全面从严治党要求，畅通纪检监察和师德师风监督举报渠道，根据《四川工商学院纪检监察暂行办法》《四川工商学院建立健全师德师风建设长效机制实施办法（试行）》有关要求，监督举报有关事项。

7.2.3　成都文理学院教师教学发展中心

7.2.3.1　中心简介

成都文理学院教师教学发展中心为学校直属机构，集"统筹、管理、培训、服务"等职能于一体，是学校负责学院教师教学发展和培训的专门机构。中心秉承"教学与学术并重、系统培训与自主发展并举"的理念，系统开展教师培养培训、咨询交流等工作，以提升高等学校中青年教师业务水平和教学能力为重点，完善教师教学发展机制，推进教师培训、教师培养、教学评估、教学咨询等工作的常态化、制度化，切实提高教师教学能力和水平。教师教学发展系统工程具体包括以下方面。

一个核心：中心坚持以提升教师教学能力为核心，采取多种措施，切实提高学校教育教学质量。

两个面向：中心始终坚持面向专职教师、面向兼职教师系统开展教师培训、咨询服务、质量评估、资源保障等工作。

六类项目：基础条件建设项目、"四期四类"教师培养项目、教学咨询服务项目、教学交流促进项目、教育教学激励项目、教学质量评估项目[①]。

---

① 成都文理学院. 成都文理学院教师发展中心简介 [EB/OL]. (2017-05-05) [2023-06-03]. http://jjfzzx.sasu.edu.cn/xqgk/show.asp? id=238.

7.2.3.2 中心任务

中心实施"分类培养"模式,制订全员培训计划,具体开展教师教学能力培训、教学管理人员培训、行政管理服务能力培训、辅导员职业能力培训、实验技术及后勤保障人员培训;按照"分层递进"原则,重点开展对专职教师的培养培训,以专业技术职务为标准划分"四期四类"教师发展梯队,实施薪火计划、启航计划、扬帆计划、远航计划;采用"多元混合"的方式,通过岗前培训、常规培训、教学竞赛、经验交流、教学观摩课、专项技能培训、教学沙龙、学术讲座、自主进修等多元模式促进教师教学发展。

7.2.3.3 职能模块

(1) 通知公告

为通知和报道相关活动,学校在通知公告栏中会及时播报与跟进。

(2) 培养培训

为传承师道、师德、师风和师爱,学校开展了一系列专题培训教学,希望参培教师们解放思想,勇于创新,开拓进取,为高等教育事业的改革和发展做出更大的贡献。同时,学校希望能够不断加强师德修养。新教师努力成为"经师"和"人师"的统一者,坚守理想信念、道德情操、扎实学识以及仁爱之心;灵活运用教学艺术与方法。掌握"写、声、讲、行"的教学课堂技巧,积极参加赛课,以赛促学。

(3) 规章制度

为深入贯彻习近平新时代中国特色社会主义思想和党的二十大精神,进一步加强师德师风建设,全面落实立德树人根本任务,规范教师个人品行和职业操守,努力建设有理想信念、有道德情操、有扎实学识、有仁爱之心的教师队伍,学校结合实际,明确了相关制度:新时代高校教师职业行为十不准、高校教师师德建设"红七条"、严禁教师违规收受学生及家长礼品礼金等行为的规定("六禁令")和新时代高校教师职业行为十项准则等规章制度。

7.2.4　小结

7.2.4.1　优点

民办高校在遵循教育规律和教师成长发展规律下，加强了教师发展中心建设，开展了教师发展工作，提升了教师专业素质，同时也提高了人才培养质量、增强了科研创新能力、为服务地方经济社会发展提供了坚强的师资保障[①]。

7.2.4.2　存在的问题

通过调研，民办高校基本都设置了教师发展中心，分为两种形式：一是独立设置；二是与人事处、教务处等合署办公。独立设置的教师发展中心职能定位相对明确，一般提供教师培训、研究交流、咨询服务、教学资源等。合署办公的教师发展中心，一般是其他部门，如人事处、教务处等的内设机构，不能充分发挥自主管理权，工作职能受到挂靠部门的影响，定位不明晰，以教师培训为主。

在工作体系方面，尽管高校都成立了教师发展中心，但是整个工作运行的体系均有待加强。学校大部分教师的发展工作均停留在培训上。另外，几乎所有的教师发展中心都是单打独斗，与人事处、教务处以及各二级教学单位没有形成合力，教师发展工作推进相对缓慢。

（1）建设的目标和定位不明确

教师教学发展中心是开展教师培训、教学咨询服务、教学改革研究、教学质量评估、提供优质教学资源等功能的教师发展支持机构。大部分民办高校成立了教师教学发展中心或教师发展支持服务机构，但是具体建设和运行情况存在差异。多数还未能树立起长远建设目标，还没有形成具有本校特色的教师教学发展中心。

一方面，国家虽然对教师教学发展中心的建设有相关政策和文件，经过这几年的建设，也取得了一些成果，但是由于民办高校的教师队伍具有特殊性，以及民办高校自身的机制和体制与公办高校不同，实际可以供民办高校教师发展中心借鉴的案例和经验并不多。另一方面，民办高校的办

---

① 杨义，雷海峰. 民办本科高校教师发展中心建设研究与探索［J］. 科技与创新，2021（5）：50-51，53.

学时间相对较短，其中一部分学校经过实践，形成了自己的办学特色，还有一部分学校处于探索期，缺乏顶层设计，对教师队伍的建设和教师培养缺乏整体的规划。

（2）缺乏条件保障

首先，由于很多民办高校都是自己安排经费用于教师培训，对教师培养的投入具有不确定性和不稳定性。其次，新成立的教师教学发展中心一般是在整合以往相关职能部门的业务的基础上，逐渐拓展业务范围的，缺少相关管理办法和制度，使教师培养工作缺少连续性。最后，由于缺乏外部保障，培训的场地、设备等基本条件也会受限。

在场地建设方面，教师发展工作活动场地普遍缺乏专业性，大部分场地均为报告厅、会议室、阶梯教室。同时，设备较单一，基本上是计算机、投影仪这样的普通配置，针对教师职业发展的专门培训场所缺乏，教师参与培训的舒适性有待加强。

（3）缺少专业人员

教师教学发展中心的队伍主要分为专职队伍和兼职队伍。中心专职工作人员的专业水平和队伍结构存在着不合理性，部分民办高校的教师教学发展中心是挂靠到相关的职能部门下，工作人员没有经过相关的业务培训，有一人兼任数职的情况。另外，兼职人员参与教师培养工作的热情和动力不足。

（4）培训效果不理想，缺乏效果评估

据调查，民办高校的教师教学发展中心以解决教师教学实际问题为主要内容开展工作，一部分高校通过专项培训，取得了良好的效果。但是存在培训内容缺乏针对性、培训方法缺乏多样性、教师积极性不高等问题。在信息化背景下，教师面临着巨大的压力，各个高校的教师教学发展中心和相关培训机构都在探索线上线下学习、网络学习等方式对教师开展培训，但是缺少成功案例和具体的做法。如何整合资源，让教师队伍跟上时代的步伐和学生的脚步，是当前须解决的关键问题①。

---

① 陈涛. 民办本科高校教师教学发展中心建设存在的问题及建议 [J]. 科教文汇（下旬刊），2018（12）：24-25.

7.3 民办高校教师发展中心建设建议

7.3.1 优化民办高校教师发展中心制度要求

从办学经验上来说，民办高校不如公办的办学历史长，经验不足且参照物少是民办高校面临的困境。学校办学应该有鲜明的办学定位、突出的办学理念和有效的办学制度。对提高教师专业发展来说，民办高校应该设计一套完备的制度体系来做指导，不仅从学校层面积极推进工作开展，更重要的是通过制度引领教师专业发展的主观能动性。民办高校教师专业发展的制度体系[①]一般包括以下方面。

7.3.1.1 制定科学的民办高校教师专业发展生涯规划

科学的民办高校教师专业发展规划，可以为民办高校教师专业发展提供政策引领和保障作用。科学的民办高校教师专业发展规划，要充分体现学校办学理念和办学特色，要明确教师专业发展目标，要匹配行之有效的实施手段和评价机制。目前民办高校普遍对教师专业发展规划重视不足，整体民办教师专业发展水平较低，严重制约了民办高等教育教学质量提升。《关于全面深化新时代教师队伍建设改革的意见》指出"着力提高教师专业能力，推进高等教育内涵式发展"，提升民办高校教师专业发展水平是民办高校转型的关键。民办高校要提高对民办高校教师专业发展的重视，将教师专业发展提至学校工作优先级，落实国家相关要求，契合学校办学理念和人才培养目标，依托信息化平台，制定具有创造性、实用性和易操作性的民办高校教师专业发展规划。同时，民办高校要鼓励民办教师个体制定目标明确、层次鲜明的个人发展规划，以促进教师专业发展水平、提高整体教学质量。

7.3.1.2 构建完善的民办高校教师专业发展培训制度

目前，民办高校构建完善的教师专业发展培训制度是提升民办高校教师专业发展水平最有效的手段。培训要符合教师个体接受能力。从民办高

---

① 郭运娇. 民办高校教师专业发展问题及提升对策研究［D］. 长春：东北师范大学, 2021.

校办学理念出发，兼顾民办高校教师专业发展水平的差异性，将教师专业发展规划融入培训形式和培训内容中，构建完善的民办高校教师专业发展培训制度。

民办高校教师专业发展培训应划分不同学历结构和职称结构的教师群体，借助数字校园平台科学管理，分层分类展开培训提升工作。培训的形式包括且不局限于校内外讲座、学术报告、进修访学、企业挂职锻炼、专业学术交流、在线学习、教学竞赛等；培训的内容要符合教师不同专业发展阶段的实际需求；培训以学校和专业为主，发挥各自优势，以不同的角色引导教师的专业发展。

科学的民办高校教师专业发展培训制度，完善的民办高校教师专业发展培训系统，贯穿于民办高校教师专业发展的全过程，为民办高校教师专业发展提供相应的路径和保障。

7.3.1.3 建设完善的民办高校教师专业发展考核评价机制

建设民办高校教师专业发展考核评价体系，应依据民办高校教师专业发展规划，结合民办高校教师专业发展实际水平，有目标、有计划、有阶段、有救济地施行。民办高校应提高对教师专业发展考核评价机制建设重要性的认识，制定操作性强的考核评价机制，强化考核评价机制的政策落实，建立科学合理的考核评价程序和考核评价结果反馈机制。考核评价结果的反馈在整个民办教师专业发展过程中至关重要，既是对专业发展规划的验证，也是评判教师专业发展培训效果的标准，还是改进民办高校教师专业发展的依据。

民办高校要促进提升教师专业发展水平就必须制定科学的发展规划，规划中要明确专业发展目标，厘清专业发展内容，拓展专业发展路径，构建专业发展保障体系。民办高校校要全面调动各职能部门和学院的力量，不断完善教师专业发展的制度建设，特别是教师专业发展培训制度和考核评价制度，以民办高校教师专业发展的规划为核心，全方位促进民办高校教师专业发展。

7.3.2 完善民办高校教师发展中心功能定位

一个完善的功能定位是帮助教师发展中心建设的关键。民办高校教师专业发展的主体就是教师自身，专业发展的动力也是教师自身，因此民办高校应设置独立的教师发展中心，完善教师专业发展目标和发展内容等，以促进民办高校教师专业发展的提升，实现民办高校教育和教学质量的提升。

7.3.2.1　中心定位

学校高度重视新形势下师资队伍专业化发展、教师教学能力提升和教师个人发展，故成立了教师发展中心这一促进学校教师发展的独立机构。其通过整合各方资源，并结合学校实际情况，开展学校教师思想政治、师德师风、教师培训、教学交流、教学评估、教师监督等系列的相关工作。

7.3.2.2　组织结构

基于以上对民办高校教师发展的理论和实践的研究，民办高校应设置独立的教师发展中心，并且明确必要工作和责任分配，组织结构设置可参照图7-1。

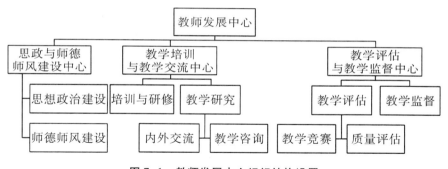

图7-1　教师发展中心组织结构设置

7.3.2.3　职能细分

（1）思想政治建设

在思政方面，为帮助广大教职工学习习近平新时代中国特色社会主义思想，深入研究其重大意义、精神实质和实践要求，开设习近平新时代中国特色社会主义思想专题讲座。

同时，积极围绕党的创新理论学习，深入贯彻落实全国高校思想政治工作会议精神，更好地促进教师思想政治素质水平持续提升全面发展，进一步加强学校教师思想政治和师德师风建设工作，全面提升教师思想政治素质和职业道德水平，学校聚焦立德树人的任务，牵头拟定教师思想政治建设相关规章制度和工作规划，推进实施教育培训、评优树典和监督检查等举措。

（2）师德师风建设

①承担教师师德师风教育、师德考核评价、教师激励与师德失范处理等教师工作的统筹协调、落实和监督。

②承担师德专题教育、全国思政类教材使用培训等重要事项的校内组织工作。

③重点组织新入职教师专题教育、"师德师风大讲堂"、课程思政建设研讨班等活动，强化思想引领和师德培育。

④负责师德典型选树，表彰个体优秀教师，发挥示范指导作用，做好事迹宣传报道，通过教师节等重要节点进行表彰，讲好新时代师德师风故事。

⑤负责各类国家级、省部级优秀教师团队和教师个人荣誉的校内遴选申报工作。

⑥多渠道落实《新时代高校教师职业行为十项准则》等制度建设的宣贯，筑牢师德底线。

⑦建立违规通报警示制度，及时妥善处理师德失范行为。

⑧落实师德第一标准，组织年度教师师德考核，在各项工作中强化师德考核评价。

⑨建立教师师德师风建设工作半年报告制度，落实督导检查，工作成效纳入年度党建考核和校内巡察观测点。

⑩开展师德警示教育。为深入贯彻落实教师职业行为准则要求、加强教师思想政治和师德师风建设工作，始终保持严的标准，对师德违规问题"零容忍"，学校设置专栏，提供转自教育部发表的教师失德的案例，加强警示教育，强化责任意识，对落实不到位的进行严肃追责问责，构筑良好的师德师风建设氛围。

（3）教师培训

为提高教师教学素养，针对不同发展阶段的教师群体开展教学培训，学校的集中培训着眼新进教师、青年教师、骨干教师等不同类型教师的发展需求，并结合教师个性特点，精心设计方案，认真组织实施，创设条件为其提供教学发展帮扶机会，以提高教师教学水平，增强教师的自我教学发展能力。

①授课培训。

制定全校教师职业发展总体规划、政策文件和培训计划，促进教师更新教学理念、掌握必要的教育技术和教学技能、提高教学能力。

对教师群体进行系统的教学技术和手段、教学设计、课程组织等进行专项培训。围绕学校发展与学科建设、形势与政策教育、校史校情教育、专项业务素质提升等内容设置课程，聚焦高校教师必备核心能力开展系统化专题培训，更好地促进教师的专业综合能力持续提升全面发展。

同时为提升教师的办公素养能力，学校开展一系列行政能力提升活动。

②教学讲座。

为顺应新时期教育形势发展的趋势，引导新教师树立正确的教育观念，培养良好的师德师风，促进新教师对于课堂模式、教学方法、班级管理的理解和运用，增强站稳讲台的专业本领，学校开展各个主题的讲座分享活动。

（4）教师研修

为更好地满足教师的教学需要和学习需求，促进教师的迅速成长，学校为教师提供了充足的教学资源，通过整合与开发校内外优质教学资源，促进教师正确合理地使用现代教育技术，积极通过教育技术的更新来改造课程教学。

①平台共享：优化教师教学发展的网络化教学经验交流与资源共享平台，建立教师教学发展新媒体资源平台，开展线上和线下全方位的教师教学指导，推进分类教学资源系统的信息化建设。

②硬件建设：建立现代化的微格教室和多功能的教学研讨室，为教学培训提供基础设施建设。

③好书推荐：为研究高等教育教学理念、教师教育理论和教学技术等，把握高等教育教学的发展规律，为实施教师教学发展提供理论基础，学校引进高质量教育教学图书、期刊和网络公开课资源，汇编教育教学资料，通过纸质文本、电子文本、视频等形式提供给教师参考学习。

④建数据库：建立教师教学发展档案袋，并且提供国内外相关高校教师发展中心的相关链接，教师教学发展专家档案袋等数据库。

⑤精彩一课：分享优秀教师课堂微课，搭建教师交流学习平台，形成示范效应。

⑥师资认证：为完善学校教师资格认证，学校每年都会出台相关认证通知，里面附有认证流程和相关事项，旨在帮助学校教师完成相关资格认证。

⑦教师研修：为鼓励教师们进一步研修，进一步提升自己的能力，学校开展了"高级访问者""青年教师出国留学"等项目支持教师们的进一步研修发展。

（5）内外交流

为继续推进信息技术与教育教学的深度融合，全面提升教学质量，通过研讨促进教学思想碰撞、教学经验分享、教学反思常态化，学校设计开展了一系列教学交流工作。结合学校教师教学发展成效，积极总结经验，形成系统的可以推广的模式，在校内外进行示范交流，鼓励教师追求教学的进一步提升。

①为了丰富学校教职工的业余生活，促进教师之间的交流，增进教职工之间的友谊，增强同事与同事间的沟通与合作，加强学校凝聚力，提高工作效率和教师的积极性，学校开展了一系列丰富的户外团建活动。

②结合学校的教育发展战略和人才培养目标，协同相关教学，交流探索教师教学发展的工作机制和内容，形成可推广示范的经验和案例。

③ 组织教师教学发展经验分享会。围绕教师教学能力提升中取得的实效，组织相应的专题研讨会，优化解决思路和方案。

④负责国内外其他高校教师到我校访学进修等相关工作。

⑤ 积极参与国内外高校、高等教育学会等相关组织开展的学术交流活动，学习借鉴其他院校的先进经验。

⑥与国内外高校的专家和学者进行教学发展方面的交流，资助专业教师和教学管理人员进行专项培训学习。

（6）教学咨询

①搭建咨询专家队伍：中心根据学科、专业的特点，分层分类组建高

校教师培训师资队伍，组建优质稳定的咨询专家队伍，通过教学沙龙和工作坊等打造分类指导体系。

②开展教学诊断：通过对现场的课程教学进行录像，并邀请教育学、心理学专家和相应的学科领域教师进行诊断指导，搭建一个全方位的新教师教学诊断、咨询、交流的平台。

（7）教学竞赛

促进教学优秀的教师脱颖而出，加强师资队伍建设，切实提高教师业务水平，大力推进教学创新，不断提高教学质量，学校举办了一系列教学微课比赛等教学竞赛活动，包括校级竞赛、省级竞赛和国家级竞赛。

（8）质量评估

通过对教与学的主体、课程、环境等进行调查，了解一定时期内教育教学的困境，并为教师和学生提供合理的信息反馈，把握教与学的动态。

①学生全员评教：每学期期末开放学生全员评教系统，收集学生对教师课程教学的评价，并进行深度的学校、学院整体和教师个体评教分析。

②教学环节评估：定期就教学大纲、考试试卷、毕业论文、教学文档、实习报告等进行抽样评估检查。

③年终教育教学评估：进行每年度的全校教育教学评估工作，评估各教学单位在教育教学工作上的进展。

④教学质量调研：就教师教学和学生学习中的一些突出问题，进行专项调研分析，为学校决策提供参考。

⑤教师教学自主评估：为学院、教师自主开展课程教学评估、学生学习调查、学生学业反馈等提供咨询和辅助。

⑥职称评估：为深化学校课堂教学评价，学校开展了系列职称评审的相关工作。

（9）教学监督

①监督举报：为相互监督，营造一个良好的教书育人环境，防止腐败行为，学校开放监督举报平台，可对不合格教师进行举报。

②成立督导会：让督导成员走进教师课堂，通过查课听课评课等的方式观察教师课堂教学效果并进行监督打分。

8 结论与展望

本书通过文献检索、问卷调查、比较研究等方法，深入探讨了民办高校教师发展的提升路径与管理创新。经过详细的数据分析，本书发现民办高校在教师管理方面存在的主要问题，构建了民办高校教师发展的影响因素模型，提出行之有效的优化民办高校教师发展的对策建议。

8.1 主要发现和贡献

本书深入探讨了民办高校教师发展的各个方面，包括其背景、理论基础、模型构建以及吸引力、驱动力和激励力的提升路径与管理创新。以下是本书的主要发现和贡献：

本书首先对民办高校教师发展的研究背景和意义进行了深入的分析，研究了政策背景和民办高校建设的重要性，并明确了研究的目标和方法，为后续的研究奠定了基础。其次，本书回顾了国内外有关教师发展领域的文献，对教师发展的核心理论和关键概念进行了详细介绍，为后续的模型构建提供了理论支持。

本书重在实证调研、问题分析和对策建议。本书对民办高校教师队伍的构成和特点进行了深入分析，发现了教师队伍多样性和专业化的趋势。同时，本书也识别了民办高校师资队伍建设面临的挑战，包括教育资源不足、师资结构不合理等。这些发现为解决民办高校教师队伍建设问题提供了重要的基础。本书通过调研四川省的教师管理现状，构建了教师发展影响力模型，为提高教师队伍的素质和管理水平提供了理论指导。该模型为提高教师发展的质量和效益提供了理论框架，强调了教育环境、教师个体和组织三者之间的互动关系，有助于更好地理解教师发展的复杂性。

本书提出了提升民办高校教师发展"吸引力"的策略和管理创新。本书基于"价值观契合模型"和"大数据画像"提出了吸引和选拔教师的策略，同时探讨了"柔性引才"的重要性。这些策略将有助于民办高校吸引和留住优秀教师。

本书关注了民办高校教师发展的"内驱力"，特别是绩效考核。分析了现有绩效考核问题，并提出了改进措施。本书通过个案研究和绩效考核提升路径的讨论，为民办高校提供了提高教师绩效的建议。

本书探讨了民办高校教师发展的"激励力"路径，包括薪酬激励、年薪制和教师培训提出了基于3E薪酬制度的激励设计和年薪制的应用建议，同时也关注了教师培训的优化。

本书介绍了教师发展中心作为民办高校教师发展的载体，分析了四川省公办高校和民办高校教师发展中心的案例，并提出了中心建设的建议，以更好地支持教师的发展。最重要的是，本书提出了一系列具体策略，以提升民办高校教师队伍的素质和动力。这些策略不仅具有理论意义，还为实际教育管理提供了有力支持。

8.2 不足之处

尽管本书在民办高校教师发展领域取得了一定的研究进展，但也存在一些不足之处：

第一，本书主要关注了四川省的民办高校，因此结果的普适性可能受到地域限制。未来的研究可以拓展到更广泛的地区，以获得更全面的了解。问卷调查的样本量针对四川省民办高校教师群体来说，还比较少，后续还可以进行补充调研。

第二，定性与定量研究平衡。本书在不同部分采用了定性和定量研究方法，但在一些内容中两者的平衡可能需要进一步优化，以获得更全面的数据支持。

第三，案例选择的局限性。在个案研究中，选择了 JC 学院作为代表，但其他民办高校可能存在不同的情况，须用更多的案例来进行比较和分析。

第四，虽然提出了一系列策略和模型，但它们仍需要在实际中进行验证和调整。这需要更多的实地研究和实践经验，以确保这些策略的有效性；同时对策建议方面还不够深入，有待进一步深化。

第五，本书的研究重点集中在教师队伍的发展，未来的研究可以考虑将学生和教育技术等因素纳入以进行更全面的分析，以深化对民办高校教育的理解。

8.3　对未来研究的展望

尽管本书已经在民办高校教师发展领域取得了一定的研究进展，但还有许多潜在的研究方向值得深入探索。以下是一些未来的研究方向：

第一，跨地区比较研究。可以进一步拓展地域范围，深入探讨不同地区民办高校的教师发展情况，并进行跨地区比较研究，以便更好地理解地域差异对教师发展的影响。

第二，深入教师个体研究。可以对民办高校教师个体的职业生涯发展、学习需求和心理健康等方面进行深入研究，为个体发展提供更多的支持。

第三，教育政策研究。可以深入研究教育政策对民办高校教师发展的影响，以更好地指导政策制定和实施。

第四，教师发展与学生学业成就的关系。进一步研究教师发展与学生学业成就之间的关系，以找出教师发展对学生的长期影响。

第五，教育技术和在线学习。探索教育技术和在线学习对民办高校教师发展的影响，特别是在数字化时代的教育环境下，如何更好地整合技术和教育。

第六，教师发展中心的效果研究。深入研究民办高校教师发展中心的运作和效果，包括不同类型的民办高校的教师发展中心，以便更好地了解它们在教师发展中的作用和影响，以优化其功能和服务。

　　本书深入研究了民办高校教师发展的多个方面，并提出了一系列策略和模型，以提高教师队伍的素质和动力，从而为民办高校的可持续发展作出贡献。希望本书的研究成果能够为教育决策者、研究人员和教育从业者提供有价值的参考，促进民办高校教育的不断进步和创新。

　　总之，民办高校教师发展是一个复杂且具有挑战性的领域，本书的研究只是沧海一粟。相信未来的相关研究将继续推动这一领域的发展和进步，为民办高校的教育质量和可持续发展提供更多有力的支持。

参考文献

白文昊，2018. 民办高校教师职业吸引力的贫乏与提升 [J]. 黑龙江高教
　　研究，36（10）：37-41.

陈永明，1999. 现代教师论 [M]. 上海：上海教育出版社.

陈志琴，2003. 我国高校年薪制改革初探 [J]. 江苏高教（5）：125-126.

程海涛，2007. 张守春：3E 薪酬的符号 [J]. 管理@人（2）：54-55.

程萍，2008. 江西省民办高校教师专业发展研究 [D]. 南昌：南昌大学.

陈利华，2010. 地方高校教师教学能力发展的思考与实践 [J]. 中国大学
　　教学（2）：75-76.

陈波，2012. 民办高校提升核心竞争力的战略探析 [J]. 现代经济信息
　　（13）：238-239.

陈娟，朱浩，2015. 民办高校核心竞争力内涵及构成要素分析 [J]. 科技
　　创业月刊，28（1）：59-61.

储小妹，金蕊，2016. 高校教师发展理论体系的构建 [J]. 中国成人教育
　　（15）：134-136.

陈涛，2018. 民办本科高校教师教学发展中心建设存在的问题及建议 [J].
　　科教文汇（下旬刊）（12）：24-25.

曹中秋，张晨阳，2019. 高校青年教师专业发展的特征及影响因素 [J].
　　文教资料（25）：95，102-103.

陈睿，雷万鹏，2021. 高校教师专业自主发展的价值意蕴与实践路径 [J].
　　湖北大学学报（哲学社会科学版），48（4）：166-173.

杜建华，沈红，2003. 论合并高校的学科融合 [J]. 理工高教研究（1）：
　　27-29.

董学军，2011. 我国民办高校核心竞争力存在的问题及对策 [J]. 辽宁经济 (6)：90-91.

费奥斯坦，费尔普斯，2002. 教师新概念：教师教育理论与实践 [M]. 王建平，译. 北京：中国轻工业出版社.

方妙英，2009. 对民办高校薪酬管理的探讨：构建基于 3P 模式的薪酬管理制度 [J]. 教育探索 (11)：62-63.

范彦彬，沈贵鹏，周萍，2012. 项目推动的高校青年教师教学发展共同体构建研究 [J]. 教育教学论坛 (7)：217-218.

冯娜，2018. 民办高校青年教师职业吸引力的养成：以中国矿业大学银川学院为例 [J]. 文教资料 (18)：155-156.

付益，2021. 基于核心竞争力视域的民办高校教师人力资源管理创新研究 [J]. 才智 (6)：135-137.

郭运娇，2021. 民办高校教师专业发展问题及提升对策研究 [D]. 长春：东北师范大学.

韩彩虹，2011. 民办高校提升英语教师核心竞争力的实践 [J]. 太原大学教育学院学报，29 (3)：70-72.

胡国庭，2013. 浙江财经学院东方学院专职教师绩效评价体系研究 [D]. 兰州：兰州理工大学.

霍晓峰，2019. 分析大数据下高校人事管理中的师资队伍建设策略 [J]. 当代教育实践与教学研究 (23)：24-25.

郝德贤，2023. 大学教师教学发展中心的主体功能 [J]. 高教发展与评估，39 (2)：63-70，121-122.

景安磊，2014. 民办高校教师权益实现的问题、思路和措施 [J]. 国家教育行政学院学报 (12)：63-67.

姜超，周小理，2014. 大学教师主体性发展的理论内涵与实践意蕴 [J]. 黑龙江高教研究 (11)：99-101.

教育部. 2022 年教育统计数据 [EB/OL].（2023-07-05）[2023-11-01]. http://moe.gov.cn.

刘爱东，2004. 全面薪酬体系初探 [J]. 中国人力资源开发 (3)：20-22.

卢辉炬，严仲连，2008. 美、日、中大学教师发展之比较 [J]. 教育新探索（6）：134-136.

李岩，2008. 高职英语教师核心竞争力的构成与能力结构研究［J］. 黑龙
　　江史志（24）：116.

李宏波，2008. 我国民办高校核心竞争力研究［D］. 武汉：武汉理工大学.

刘畅，2017. 高校青年教师职业发展的影响因素分析及改善建议：以 A 大
　　学为例［J］. 黑龙江畜牧兽医（4）：229-231.

李瑾，2012. 民办高校发展核心竞争力研究［J］. 北京城市学院学报（1）：
　　8-12.

梁会兰，2014. 高校教师教学专业发展的内涵、影响因素及实现路径［J］.
　　中国成人教育（24）：119-121.

林曦云，2015. 高校教师专业发展的影响因素及提升途径［J］. 教育评论
　　（8）：120-122，133.

李静，2017. 应用型本科院校教师绩效工资考核研究［J］. 环球市场信息
　　导报（36）：83.

李艳梅，2017. 中国特色高校教师发展与使命自觉［D］. 长春：吉林大学.

刘琴，2018. TOP 学院教师工作满意度提升研究［D］. 成都：西南石油
　　大学.

卢威，李廷洲，2020. 走出体制吸纳的误区：增强非营利性民办高校教师
　　职业吸引力的路径转换［J］. 中国高教研究（10）：62-68.

毛立群，赵军，2005. 民办高校的发展与教师的薪酬激励分析［J］. 中国
　　市场（32）：168-169.

莫富荣，2023-03-14. 高校教师发展中心的发展路径［N］. 科学导报
　　（B02）.

帕克·帕尔默，2005. 教学勇气：漫步教师心灵［M］. 吴国珍，等译. 上
　　海：华东师范大学出版社.

潘懋元，罗丹，2007. 高校教师发展简论［J］. 中国大学教学（1）：5-8.

索建新，2006. 透视国外私立大学的管理与改革［J］. 现代教育科学（5）：
　　61-64.

孙广福，2006. 高校年薪制案例分析与思考［J］. 高等工程教育研究（4）：
　　89-91.

时迎芳，2010. 高校教师专业发展中的影响因素［J］. 文理导航（下旬）（7）：51，67.

苏美淳，2019. 新形势下民办高校高层次人才引进工作的思考［J］. 品位·经典（11）：80-82.

石彬，陈太丽，郑丽娟，2020. 民办高校教师转型发展和能力提升研究［J］. 科技风（2）：203-204.

唐宁玉，王丽华，2009. 我国高校合并特征和成效研究：一个研究框架［J］. 科研管理（10）：34-36.

陶信伟，2018. SY 学院教师培训体系的优化研究［D］. 海口：海南大学.

王博，2007. 首都高校教师压力源与压力强度研究［D］. 北京：首都经济贸易大学.

魏薇，陈旭远，高亚杰，2011. 论我国高校教师专业发展"自为"的缺失与建立［J］. 国家教育行政学院学报（2）：17-20，40.

魏海苓，孙远雷，2013. 专业学习共同体视角下的高校教师专业发展［J］. 高教发展与评估，29（5）：70-75，103.

吴陈颖，张静，2013. 高校教师专业自主发展的影响因素分析［J］. 黄山学院学报，15（1）：84-87.

王艳艳，2015. 高校青年教师学术发展的影响因素及对策［J］. 继续教育研究（9）：68-69.

吴洪富，范春梅，2017. 重塑高校教师专业学习共同体：走出教学发展的集体行动困境［J］. 高教探索（3）：113-117.

徐本锦，2016. 高校青年教师专业发展途径和影响因素分析［J］. 山西大同大学学报（社会科学版），30（5）：87-90.

徐文，李婷，2018. 影响民办高校核心竞争力的要素分析及对策［J］. 新西部（2）：99-100.

邢赛鹏，2015. 民办本科高校应用型教师绩效评价指标体系研究［J］. 教师教育论坛，28（5）：63-67.

岳鲁锋，郭桂英，2008. 国外私立大学教师权利保障的经验及启示［J］. 理工高教研究（2）：40-42.

杨孟孟，2011. 我国民办高校核心竞争力及提升途径研究［D］. 青岛：青岛大学.

杨波, 2018. 高校青年教师专业发展动机及其影响因素研究 [D]. 哈尔滨: 东北农业大学.

杨丹, 张清江, 王蕾, 2017. 高校教师学术职业的发展路径及其影响因素 [J]. 西北工业大学学报（社会科学版）, 37 (4): 82-85, 113.

银丽丽, 2017. 高校教师发展的内涵与途径研究 [J]. 成都师范学院学报, 33 (5): 36-39.

杨义, 雷海峰, 2021. 民办本科高校教师发展中心建设研究与探索 [J]. 科技与创新 (5): 50-51, 53.

朱青松, 陈维政, 2005. 员工价值观与组织价值观：契合衡量指标与契合模型 [J]. 中国工业经济 (5): 88-95.

周泳, 2009. 公立高等学校教师的工作压力和工作满意度关系研究 [D]. 广州：暨南大学.

赵恒平, 闵剑, 2010. 高校教师核心竞争力及其评价 [J]. 武汉理工大学学报, 32 (23): 196-200.

张奇伟, 刘婉华, 姜云君, 等, 2011. 探索年薪制推进高校收入分配机制改革 [J]. 中国高等教育 (11): 18-20, 26.

钟秉林, 2011. 高度重视高等学校教师发展问题 [J]. 中国高等教育 (18): 4-6.

周刚, 李明, 2012. 我国高校教师发展的实践、问题及对策 [J]. 人力资源管理 (1): 113-116.

周金城, 陈乐一, 2013. 我国高校教师薪酬水平状况的实证研究：基于679份调查问卷的分析 [J]. 现代教育科学 (9): 17-19.

周利芬, 2014. 基于核心能力提升的民办高校教师薪酬机制研究：以广东BY学院为例 [J]. 经营与管理 (11): 147-151.

张静, 2016. 影响高校教师职业发展的组织因素分析 [D]. 天津：天津大学.

朱宪武, 2017. 民办高校人才吸引力研究 [D]. 石家庄：石家庄铁道大学.

周秋旭, 2016. 地方高校青年教师发展的影响因素及路径研究 [J]. 高教学刊 (11): 65-67.

周艳丽，苗鹏洲，陈敬敬，2020. 河北省民办高校高层次人才柔性引进对策研究［J］. 科技经济导刊，28（13）：154-155.

AHMED R，VVEINHARDT J，AHMAD N，et al.，2016. The impact of working conditions on female teachers' performance in private universities of Karachi［J］. Social science electronic publishing，3（7）：5543-5552.

CACHEIRO-GONZÁLEZ ML，2018. Job satisfaction of teachers from public and private sector universities in lahore，pakistan：a comparative study［J］. Economics & sociology，11（4）：230-245.

附录

民办高校专职教师现状调查问卷

尊敬的老师：

您好！本问卷旨在了解广大民办高校专职教师的工作现状，从而为高校教师发展提出管理和创新建议。感谢您接受并配合本次的问卷调查，请您根据个人实际情况提供全面客观的信息。本问卷采取匿名方式，不会对您产生任何不利影响，我们将对您的回答完全保密。谢谢您的配合与支持！

填写说明：

［1］问卷调查没有对错之分，只需根据自己的实际情况填写即可。

［2］问卷题目分为：单选题、多选题、简答题三种。

［3］问卷中所有内容须您个人独立填写。

1. ［单选题］您在本校一周上课课时：

□6 课时及以下

□7~12 课时

□13 课时以上

2. ［多选题］您在选择入职本校时，看重学校的哪些方面：

□薪酬福利

□工作自主权

□绩效考核

□学校声誉、知名度

□和谐宽松的工作氛围

□工作硬环境（如校园环境、教学设施）

□家庭方面（通勤距离近或送孩子上学方便）

□教师职业发展通道，个人职业发展、自我实现

□培训提升机会

□其他 _____

3. ［多选题］您对本校以下哪些方面比较认可：

□薪酬福利

□工作自主权

□绩效考核

□学校声誉、知名度

□和谐宽松的工作氛围

□工作硬环境（如校园环境、教学设施）

□家庭方面（通勤距离近或送孩子上学方便）

□教师职业发展通道，个人职业发展、自我实现

□培训提升机会

□其他 _____

4. ［单选题］您认为您与学校的价值观契合度高：

□不同意

□较不同意

□不确定

□较同意

□完全同意

5. ［单选题］您认为学校的社会认可度高，愿意对外高度评价本校：

□不同意

□较不同意

□不确定

□较同意

□完全同意

6. ［单选题］您觉得学校教师的晋升通道（职称、学术、职位）公平、合理、畅通：

□不同意

□较不同意

□不确定

□较同意

□完全同意

7.［多选题］您认为学校教师晋升方面存在哪些问题：

□晋升通道单一，晋升名额少

□晋升标准不规范、不透明

□晋升条件过于严格

□晋升评审重教学轻科研

□晋升评审重数量轻质量

□晋升中出现论资排辈、拉关系现象

□学校没有为教师设计合理的职业生涯规划

□其他 _____

8.［单选题］您觉得学校教师的绩效考核合理、简洁、高效：

□不同意

□较不同意

□不确定

□较同意

□完全同意

9.［多选题］您认为学校教师的绩效管理有哪些不足之处：

□考核流于形式，缺乏激励效果

□考核指标过于繁多，未能突出教师工作重点

□没有因为各学院、专业的性质不同而具体设置考核方式

□考核指标不能准确衡量个人能力水平

□过于重视考核，忽视绩效改进

□缺乏信息反馈，考核结果利用不当

□其他 _____

10.［单选题］学校为教师提供的进修、培训的频率：

□低

□较低

□中等

□较高

□高

11. ［多选题］您认为学校的教师培训效果如何：

□符合现阶段教学、社会发展趋势

□教师参与度高

□对实际工作有帮助

□培训所占时间长，流于形式

□培训内容与实际工作关联度不高

□培训重理论，轻实践

□培训过程枯燥，很难提起兴趣

□其他 _____

12. ［单选题］您在工作中具有开创精神：

□不同意

□较不同意

□不确定

□较同意

□完全同意

13. ［单选题］您对学校教学安排及管理方式感到满意：

□不同意

□较不同意

□不确定

□较同意

□完全同意

14. ［多选题］您认为学校的教学安排及管理方式有哪些不足或值得改进的地方：

□课程分类不规范，存在内容交叉重复现象

□教学计划制定主体单一，教师参与度低

□教学计划僵硬死板，难以实时调整或调整效率低

□管理模式形式主义倾向明显

□行政会议繁多，参与方式单一，未能实现线上线下结合

□管理程序不够规范，存在管理推脱现象

□缺乏意见反馈渠道或反馈渠道阻塞

□行政后勤服务效率低

□网络及教学设备使用不便利

□其他 _____

15. ［单选题］您与学校领导、同事、学生关系融洽：

□不同意

□较不同意

□不确定

□较同意

□完全同意

16. ［多选题］您与领导、同事、学生的关系有哪些不足：

□与学生有代沟，时常很难交谈到一起

□在学生心目中的印象欠佳

□课堂黏性低，师生互动少

□领导不平易近人，与之有隔阂

□不喜欢领导的作风，影响到本职工作的执行

□同事之间关系微妙，很难真诚相处

□同事之间缺乏互帮互助，工作都是独自完成

□其他 _____

17. ［单选题］您有或有过离职、转职的想法：

□是

□否

18. ［多选题］您考虑离职或转职的原因：

□学校薪酬水平未达到个人预期

□养老保险等福利政策欠佳

□劳动强度过高

□与领导或同事关系不和谐

□缺乏科研氛围和学术氛围

□社会地位低、职业认同感弱

□外出学习交流、培训机会少

□不认同本校价值观和组织文化

□工作幸福感、成就感不高

□家庭因素（通勤距离远或送孩子上学不方便）

□职业稳定性低、缺乏安全感

□无编制

□管理死板、约束多、工作自由度低

□绩效考核过于死板、冗杂

□晋升通道不合理、不公正、不畅通

□其他 _____

19.［单选题］您感到平时工作心理压力很大：

□不同意

□较不同意

□不确定

□较同意

□完全同意

20.［多选题］您工作心理压力大的来源有哪些：

□授课任务重，备课时间长，工作量大

□隐性工作时间长，休息时间少

□考核评价体系与薪酬设计不合理，没有激励作用

□职称评定难度高，晋升机会少

□除基本教学任务外，还额外参加进修、培训

□工作群体内部竞争压力大

□组织人际氛围不和谐，没有处理好工作关系

□经济收入低，内外部公平感弱

□社会地位明显低于公办院校教师

□工作得不到领导、同事、学生的认可

□身体状况欠佳

□工作重复性高，挑战性低，出现职业倦怠现象

□与组织联系弱，得不到学校关怀

□其他 _____

21.［单选题］您感到工作很有意义、很有成就感、工作满意度高：

□不同意

□较不同意

□不确定

□较同意

□完全同意

22.［多选题］您认为在本岗位最有价值感与成就感的是：

□学校提供良好的教学、办公条件

□学校提供广阔的发展平台

□专业发展前景好

□学生对我的工作评价高

□我工作得心应手

□得到社会尊重，社会地位高

□与同事、领导、学生的关系融洽，能帮助学生成长

□教师职业信念强

□职业发展稳定

□其他 _____

23.［单选题］您经常超额工作、隐性工作时间长：

□不同意

□较不同意

□不确定

□较同意

□完全同意

24.［多选题］您认为隐性工作时间长的原因有哪些：

□自身工作效率低

□工作任务重

□任务安排不科学

□工作责权分配不均

□对工作目标不清晰

□其他 _____

25. ［单选题］您的薪酬福利与自我付出、对学校的贡献及工作量相符：

□不同意

□较不同意

□不确定

□较同意

□完全同意

26. ［单选题］与他人相比，您对自己的薪酬福利满意度高：

□不同意

□较不同意

□不确定

□较同意

□完全同意

27. ［单选题］您觉得您的收入与社会地位相符：

□不同意

□较不同意

□不确定

□较同意

□完全同意

28. ［多选题］您对学校薪酬福利满意度不高的原因：

□基本工资水平低，福利制度不完善

□内部公平性不够，教师主观上感到付出与所得不成正比

□薪酬外部竞争力弱，受到人际环境和社会环境的双重压力

□个体公平性差，绩效考核未能体现出教师的实际工作表现

□薪酬分配程序、方式有失公平

□只有薪酬，没有激励，薪酬幅宽窄，教师看不到晋升空间

□学校缺乏规范化、定量化的考核体系，存在"吃大锅饭"的现象

□学校制定的激励评价制度不合理

□学校没有为教师设置奖励薪酬目标或人生价值目标，没能获得更高层次的激励作用

□其他 _____

29. 〔简答题〕您认为本校在教师管理方面可取的地方有哪些：

_____

30. 〔简答题〕对本校发展，您有何建议或意见：

_____

31. 〔单选题〕您的性别：

□男

□女

32. 〔单选题〕您的年龄：

□30 岁及以下

□31～40 岁

□41～50 岁

□51 岁及以上

33. 〔单选题〕您的学位：

□学士

□硕士

□博士

34. 〔单选题〕您的职称：

□助教

□讲师

□副教授

□教授

35. 〔单选题〕您的教龄：

□5 年及以下

□6～10 年

□11～15 年

□16～20 年

□21 年及以上

36.［单选题］您的专业所属学科：

□文学

□理学

□工学

□教育学

□经济学

□法学

□艺术学

□管理学

后记

习近平总书记说：一个人遇到好老师是人生的幸运，一个学校拥有好老师是学校的光荣，一个民族源源不断涌现出一批又一批好老师则是民族的希望①。要实现中华民族伟大复兴的中国梦，必须更加重视教育，而优质的教育有赖于一支高素质的教师队伍，成为一名卓越的教师更是众多教师的职业理想和目标。

笔者有幸成为一名高校教育工作者，既是一线教师，又从事教学管理工作。一方面，笔者有作为教师的教学经验和真切感受；另一方面，笔者见证和参与了学校各项教学管理制度的出台、各项教学改革的推进，也取得了一定的教学成果。同时，笔者一直在民办高校工作，且个人专业是人力资源管理，因此对于民办高校的教师队伍建设特别有感触。

本书是在"应用型民办高校人才'竞争力'提升路径与管理创新"项目［项目编号：2020JCCF（2X）0003］的研究基础上拓展和延伸而来的。在课题研究和本书写作过程中，首先，感谢所在学校鼓励教师教研相长，通过课题研究提升教师科研能力。其次，感谢在问卷发放过程

---

① 新华网. 习近平论"好老师"：教师第一位是"传道"［EB/OL］.（2014-09-09）［2023-06-03］. http://www.xinhuanet.com/politics/2014-09/09/c_1112412661.htm.

中，同事和朋友群策群力，尽最大可能保证调研效果。特别是王文贤副教授，对本书的撰写给予了莫大的支持。另外也特别感谢成都锦城学院人事处、文传学院、土木学院的同事们提供的政策文本和研究数据。本书研究吸纳了成都锦城学院 2018 级人力资源管理专业的刘蕙阳、胡宇虹、王娟、刘万霆和周立东，2020 级人力资源管理专业的钟小蛮，2021 级人力资源管理专业的韩雨晨、文悦、石诗、蒋伶丽同学作为助理，协助笔者进行文献检索、问卷调查、格式排版、会议纪要等。最后还要感谢本次调研过程中予以支持的各学校的老师和朋友，谢谢你们毫无保留地提供一手数据和建议，为本书的撰写打下了坚实的基础。

笔者撰写本书时，正在职攻读厦门大学教育博士，本书是求学期间的阶段性成果。笔者一方面深深体会到了兼顾工作、学习、研究、家庭的辛苦，另一方面感受到了来自导师、同事、同门和家人的支持。学术研究，道阻且长，行则将至。笔者会继续求学之路，学术之路，未来可期！

罗堰

2024 年 9 月